W0195627

Pferde . . . unsere Kameraden

Pferde

. . . unsere Kameraden

Erlebnisse mit Sport-,
Hobby- und Arbeitspferden

gesammelt
von
Johannes Detlef

Herausgegeben vom Detlef-Verlag
© Detlef-Verlag, 23775 Großenbrode
Alle Rechte vorbehalten
Vertrieb: Detlef-Verlag, Klaustorf, 23775 Großenbrode
Telefon 0 43 62 - 13 32 · Fax 0 43 62 - 64 31
Ab 1996: Telefon 0 43 71 - 8 78 34 · Fax 0 43 71 - 8 78 35
Graphische Gestaltung: Claudia Czellnik

Satz: Fotosatz Husum GmbH
Herstellung: Husum Druck- und Verlagsgesellschaft, 25813 Husum

ISBN 3-9802267-5-1

Vorwort

Pferde sind seit altersher treue Begleiter der Menscheit gewesen. Alle Generationen vor uns waren auf das Pferd als Zug-, Reit- oder Präsentationspferd angewiesen. Aufgrund dieser engen Beziehung bildeten sich zwischen Mensch und Pferd regelrechte Freundschaften. Je besser der Mensch seine Pferde behandelte, desto mehr gaben sie ihm zurück, umso leistungsbereiter und anhänglicher ist eine Kreatur.

Nun soll hier nicht die Rede sein von großen Turniercracks wie „Meteor" und „Halla". Nein, auch manch „unscheinbares" Pferd leistet treu und willig seine Arbeit, ob vor dem Pflug, in der Reitbahn, vor der Kutsche oder als Dienstpferd.

Viele der Autoren der Erlebnisberichte gehören der Generation an, die noch täglich auf den Bauernhöfen, als ländlicher Reiter, als Soldat oder als Fuhrmann mit den Pferden zu tun hatten. Uns ist manche Geschichte noch in Erinnerung, die es wert ist, aufgeschrieben zu werden, um sie der Nachwelt zu erhalten. Manch lustige, auch nachdenkliche Geschichte ist dabei herausgekommen.

Auch über den Einsatz der Polizeipferde möchte ich berichten. Das Jahr 1995 ist das Schicksalsjahr unserer Polizeireiterstaffel in Schleswig-Holstein. Bleibt sie, oder bleibt sie nicht? Polizeireiter halten einen besonders engen Kontakt zu ihren Pferden. Es ist eine lange, intensive Ausbildung. Nicht jedes Pferd ist dafür geeignet. Aber auf vielen Veranstaltungen und Demonstrationen haben wir die Ruhe und Übersicht von Pferd und Reiter bewundern können. Einige Angehörige der Reiterstaffel haben ihre Erlebnisse eigens für dieses Buch zur Verfügung gestellt.

Es gibt viele Sinnsprüche und Zitate über Pferde mit realem oder doppeldeutigem Hintergrund. Viele davon habe ich in diesem Buch festgehalten.

Wir sind nicht alle Profis im Schreiben, aber aus vielen Beiträgen und Gedichten, spricht doch die tiefe Verbundenheit zu Kamerad Pferd, ob von jung oder alt, ob heute oder gestern.

Ich danke allen ganz herzlich, die mich bei der Herausgabe dieses Buches unterstützt haben, und wünsche allen Pferdefreunden ein paar erholsame Stunden beim Lesen.

Johannes Detlef

Wie war es damals?

Heute, 8. Mai 1995, ist der letzte Krieg 50 Jahre vorbei. Viel wird darüber geschrieben. Auch mir kommen die Erinnerungen an die Nachkriegszeit.

Ein Jahr muß ich noch die Schulbank drücken, dann steht auch mein Berufswunsch fest: Bauer.

Ich habe diese Wahl nie bereut. Das Leben im Einklang mit der Natur und der Kreatur ist doch schön und erstrebenswert. Wir hatten keine hohen Ansprüche an Geld und Gut und besonderer Lebensqualität. Auf den Bauernhöfen und in den Dörfern war es vielleicht eintönig aber trotzdem nie langweilig. Und der tägliche Umgang mit Pferden, Kühen, Hunden und Katzen bereitete viel Freude.

Mir waren davon Pferde immer am liebsten. Da kommt mir der Gedanke, darüber könnte man ein ganzes Buch schreiben. Und ich glaube, auch andere Pferdefreunde möchten sich mit ihren Beiträgen daran beteiligen. Aus den vielen Zuschriften über Erlebnisse mit Pferden und Ponys ersehe ich, daß zwischen „Kamerad Pferd" und den Menschen immer eine innige Beziehung bestanden hat.

Der Gespannführer verwöhnte seine Pferde und „stahl" sich schon mal einen Scheffel Hafer extra für sein Gespann.

Der Bauernsohn spannte sein Reitpferd auf die etwas leichtere Seite (längere Hälfte des Schwengels), so daß es für die abendliche Reitstunde noch fit war.

Der Melker sah es nicht gerne, wenn sein Milchwagenpferd auch noch für andere Arbeiten gebraucht wurde.

Bauer oder Bauersfrau hielten sich für dringende Besorgungen im Kirchdorf oder in der nahen Stadt „ihr" Kutschpferd von der täglichen Arbeit frei.

Und während des großen Trecks aus dem Osten konnten sich die Flüchtlingsfamilien selbst unter schwierigen Bedingungen und großen Entbehrungen stets auf ihre treuen Pferde verlassen.

In der heutigen Zeit findet diese Zuneigung, ja fast abgöttische Verehrung ihre Fortsetzung bei Hobbyreitern(-innen) und bei Kindern im Umgang mit ihren Ponys. Und auch der Turnierreiter hat nur Erfolg, wenn er ein besonderes Vertrauensverhältnis zu seinem Pferde herstellt.

Doch ich möchte mehr aus früherer Zeit berichten. Harte Arbeit war es schon, die Landarbeit. Für beide: Pferd und Mensch. Mit einem 10-Stunden Tag war es nicht getan. Eine Stunde vor und eine Stunde nach der offiziellen Arbeitszeit war Pferdepflege angesagt. Und vor dem Zubettgehen bekamen die Pferde noch Heu auf die Raufe gelegt. Am Heiligabend gab es dann noch eine Hafergarbe extra.

Ja, Landarbeit und Umgang mit Pferden im Wandel der Zeit. Drei Pferde vor dem Pflug und Furche für Furche ziehen. 10 Stunden am Tag – und das vielleicht eine ganze Woche. So ein Ackerschlag ist ja nicht an einem Tag umgepflügt. Aber langweilig wurde es nicht. Und ob sie es glauben oder nicht, auch mit Pferden kann man reden. Möwen, Krähen, Rehe, Hasen und jubilierende Lerchen waren unsere ständigen Begleiter.

Abends um 18.30 Uhr war Feierabend. Die Pferde waren ja müde, hatten auch genug getan. Überstunden waren selten. Der Rythmus mit den Pferden mußte eingehalten werden. Die Pferde hatten schließlich ihre innere Uhr. Die letzte Furche vor Feierabend zogen sie schon mal etwas schneller, damit sie früher in den Stall kamen.

Wie sieht es heute aus? Der Bauer zieht nun mit 100 – oder 200 oder sogar 300 PS seine Furchen. Aber 18.30 Uhr ist noch nicht Feierabend. Der Traktor wird nicht müde. Der Schlag muß an einem Tag fertig, auch wenn es Mitternacht wird.

Ja, die gute, alte Zeit. Früher bedeutete es schwere Arbeit für Mensch und Tier. Heute etwa leichter? ? Zumindestens viel mehr Streß. Der Bauer von heute muß auch noch Kaufmann und Buchhalter sein.

Ich stelle fest:

Keine Generation vor uns hat, und keine Generation nach uns wird so einen gravierenden Wandel der Landarbeit erleben wie wir. Gewiß, die Technik schreitet immer schneller fort. Kein Mensch weiß, wo die technischen Möglichkeiten noch enden. Aber die totale Umstellung von tierische auf motorische Zugkraft war einmalig.

Verloren ist damit auch die Zeit der vielen netten Erlebnisse auf dem Dorfe. Z. B. abendliche Schnacks der Jugend am Dorfteich, winterliche Schlittenfahrten von Dorf zu Dorf, sonntägliche Ausritte durch Wald und Flur, traditionelle, dörfliche Ringreiterfeste oder als besondere Attraktion auch der Kleinsten das abendliche „Pferde zu Felde (auf die Weide) bringen."

Aber nicht nur ich habe mit „Kamerad Pferd" viel erlebt. Wir wollen auf den folgenden Seiten davon berichten.

Wie ist es heute im Pferdeland zwischen den Meeren?

Ein beeindruckendes Bild, wenn in Segeberg auf dem Landesturnier die vielen Reitabteilungen aufmarschieren. Zunächst die Jugendabteilungen, dann die Senioren. Daß es überhaupt noch so viele Pferde gibt: Reiter und Reiterinnen aus Stadt und Land geben sich hier ein Stelldichein.

Waren es früher die ländlichen Reitervereine, die den Reitsport hoch gehalten haben, so sind jetzt aus der Stadt und dem stadtnahen Umfeld viele Reiterfreunde dazugekommen. In Verbindung mit der Zucht zum edleren und leistungsbereiteren Pferd werden in Schleswig-Holstein beachtliche Leistungen gezeigt. Wie lange sagen wir schon auf den Turnieren: „Die Pferde werden jedes Jahr besser." Reitsport und Zucht beflügeln sich gegenseitig. Unsere Züchter stellen sowohl dem Freizeitreiter als auch dem Spitzensportler passende Pferde zur Verfügung. Ist es für den sportlich Reitenden eine Genugtuung sein Können auf den vielen Turnieren unter Beweis zu stellen, so ist für den Hobbyreiter der Ausritt in Feld und Wald und Flur eine besondere Freude. Schon der Umgang oder nur der tägliche Besuch im Stall bietet Abwechslung vom Arbeitsstreß und täglichem Einerlei. Kein Wunder, daß „Kamerad Pferd" so viele Freunde in Stadt und Land hat.

Überall (insbesondere um die Städte) entstanden und entstehen noch Reiterhöfe. Für die Landwirtschaft eine zusätzliche Einnahmequelle, für viele Reiter und Reiterinnen überhaupt erst die Möglichkeit zum Umgang mit Pferden. Besonderen Aufschwung hat auch die Ponyzucht genommen. So können unsere Kleinsten schon früh an den Reitsport herangeführt werden. Kinder, insbesondere Mädchen, kommen über Ponyreiten und Voltigieren zu den Eingangsprüfungen auf den kleineren Turnieren und sind der ganze Stolz der Eltern. Junge Mädchen vergessen über den Umgang mit ihren Ponys und Pferden und den Aufenthalt oder die Mithilfe auf dem Reiterhof sogar ihre Schulaufgaben. Der Kreatur kommt das zugute! Kaum ein Pferd, das nicht willig alle vier Beine zum Auskratzen der Hufe hebt oder sich geduldig die Mähne zupfen läßt. Mit den Jahren und der Fertigkeit im Reiten wachsen so die Ansprüche und es muß schon ein richtiges Reitpony her. Vater muß wieder ins Portemonnaie greifen. Aber welche Eltern ermöglichen ihren Kindern nicht gerne den Umgang mit einer liebenswerten Kreatur zur Ausübung des schönen Reitsports.

Als reines Arbeitspferd hat es seine Bedeutung verloren. Aber im Pferdeland Schleswig-Holstein wird das Pferd nicht aussterben.

Gebet eines Pferdes

Gib' mir zu fressen, gib' mir zu trinken und sorg' für mich.
Und wenn des Tages Arbeit getan ist,
gib' mir ein Obdach, ein sauberes Lager
und einen nicht zu kleinen Platz im Stall.

Reiß' nicht in den Zügeln, greif nicht zur Peitsche,
wenn es aufwärts geht.
„Schlage und stoße mich nicht, wenn ich Dich mißverstehe,
sondern gib' mir die Zeit, Dich zu verstehen.

Rede mit mir, denn oft ersetzt Deine Stimme die Zügel.
Sei gut zu mir und ich werde Dir noch freudiger dienen
und Dich gern haben.

Halte mich nicht für ungehorsam,
wenn ich Deinen Willen nicht erfülle,
vielleicht sind Sattelzeug und Hufe nicht in Ordnung.

Prüfe meine Zähne, wenn ich nicht fressen mag.
Halftere mich nicht zu kurz an
und kupiere meinen Schweif nicht,
er ist meine einzige Waffe gegen Fliegen und Moskitos.

Gib' mir nicht einen fremden Herrn,
der mich langsam zu Tode quält und mich verhungern läßt,
sondern sei gütig und bereite mir einen schnellen
und barmherzigen Tod.
Und Gott wird es Dir lohnen, hier und in alle Ewigkeit.

Und wenn es zu Ende geht, mein geliebter Herr,
wenn ich Dir nicht mehr zu nützen vermag,
lasse mich bitte nicht hungern und frieren
und verkaufe mich nicht.

Laß' mich dies von Dir erbitten und glaube nicht,
daß es mir an Ehrfurcht gebricht,
wenn ich es in seinem Namen tue,
der in einem Stall geboren ist.

Amen   („Wandsbeker Husaren" 1906 / Dieter Hopfe)

Das Reiten

Jep Nissen Andersen

Das Reiten – so man dieses kann! –
Ist ganz entschieden für den Mann
Und sicherlich auch für das Roß
Ein ausgesproch'ner – „Hochgenoß"!
Man kann getrost zu Pferde steigen,
Sich, stolzgeschwellt, der Umwelt zeigen,
Beschleunigt durch die Gegend fliegen,
Sich manchen Ehrenpreis ersiegen, –
Man wird bewundert – ist ein Held –
Selbst Vorgesetzte sind dann nett –
Kurzum: Man hat – 'nen „Stein im Brett"! –

Jedoch: – Für den, der dies nicht meistert,
Der zottelnd durch die Gegend geistert,
Auf seinen Zossen – nur auf diesen! –
Betreffs der Reitkunst angewiesen –
Da wär's doch sicher übereilt,
Und auch die Meinung wohl geteilt
Zu sagen, daß im gleichen Maß
Sei dies für Mann und Roß ein Spaß! –
Im Gegenteil: Das wär' vermessen;
Denn schließlich darf man nicht vergessen:
So'n Pferd hat auch 'nen eignen Willen,
Und – kann man diesen nicht erfüllen,
Geschieht es gar zu leicht und oft,
Daß plötzlich man und unverhofft
Recht unsanft – „im Gelände grast" –
Das Roß, erleichtert – weiterrast!–

Und – übt in Bahn man oder Halle,
Dann ist die Kunst auch meist bald „alle"!
„Antraben!" – „An die Hülfen stellen!" –
Hört man von fern Befehle gellen –
„Die Hacken runter! – Schenkel ran! –
Gesäß andrücken, lieber Mann! –
Die Zügel locker! – Kreuz nach vorn! –
Pferd nicht erschrecken mit dem Sporn! –
Nur geradeaus – nicht seitwärts blicken! –

Und ja nicht –, in die Hüften knicken'!" –
Das sind „Begriffe", die was gelten;
Doch – die's begreifen – sind meist selten! –

Und – geht's erst an die „Hürden" ran,
Dann denkt so mancher: „Mann o Mann –
Wenn's nun bloß nicht zur „Trennung" neigt
Und sich am End' – 'ne Panne zeigt!" –
Man klammert fest sich an den Zossen,
Sieht – riesengroß! – der Hürden Sprossen –
Spricht ein Gebet – spürt drauf sich fliegen
Und fühlt sich schon im Grase liegen! –
Doch siehe da: – Es ging ja gut! –
Und wiederkehrt der Lebensmut. –
Man eilt davon in wildem Braus
Und – eins, zwei, drei – der Gaul bricht aus! –
Man braucht den Sporn – man braucht die Hände
Und merkt gar bald: – Man ist am Ende! –
Jetzt herrschen – „höhere Gewalten"!
Man möcht' sich nur noch – – – oben halten!
Man sucht die Bügel – sie sind weg –
Und – hoppla-hopp! – liegt man im Dreck,
Schlägt Purzelbaum – „wie einst im Mai"
Und denkt: „Gottlob – nun bist du frei!"

Ja, ja – das sind die beiden Seiten,
Die im Begriffe liegen: – „Reiten"! –
So mancher nennt sich stolz ein Reiter
Und ist doch nur ein – „Pferd-Begleiter"!
Drum, lieber Freund – ich rate Dir: –
Das Pferd – es ist ein wildes Tier,
Das sich nur dem gewogen zeigt,
Der mit Verstand nach oben steigt! –
Kannst Du dies nicht: – Bleib auf der Erde!
Du schonst den Hintern – und die Pferde
Und, – nimm's nicht krumm, daß ich belehre –
Und schließlich auch noch – Deine Ehre! –

Wer „Reiter" ist, der reit' drum gern;
Wer nicht – der bleib' dem Pferde fern,
Beschreit' „per pedes" seinen Pfad –
Fahr' Auto – oder mit dem Rad!

11

„Nico" und „Puppe"

Marita Eißfeldt, geb. Völz

Mein Vater war als Vieh- und Pferdehändler in Wöhrden (zw. Heide und Büsum) viele Jahre tätig und ich bin daher mit Pferden aufgewachsen. Heute züchtet mein Bruder sehr erfolgreich Pferde und da wir wieder im selben Ort leben, habe ich auch heute noch Kontakt zu diesen wunderbaren Tieren. Außerdem freue ich mich sehr, daß meine 12jährige Tochter Kerrin meine Liebe teilt und mit großer Begeisterung reitet.

Man sagt, bevor ich laufen lernte, konnte ich schon reiten. Jedenfalls hatte ich schon als kleines Mädchen immer ein Pony. Ich verbrachte jeden Tag mit meinem kleinen schwarzen Pony „Nico". Wenn meine Mutter mich suchte, führte ihr Weg automatisch in den Pferdestall, denn wo sollte ich sonst auch sein. „Nico" war ein liebes Pony aber schon alt und so brachte mein Vater eines Tages ein Kleinpferd für mich mit. Es war Liebe auf den ersten Blick zu dieser schwarz-weißen Stute, die wir „Puppe" nannten. Für mich als kleines, sehr zierlich gewachsenes Mädchen schien „Puppe" dann aber doch noch etwas zu groß und so verkaufte mein großer Bruder, der neben seinem Beruf als Schlachter auch als Händler tätig war, mein Pferd für einen guten Preis an einen Bauern.

Ich bekam so starkes Heimweh nach diesem Pferd, daß ich krank wurde. Es blieb meinem Bruder nichts anderes übrig, als zu dem Bauern zu fahren und ihm zu berichten, wie es um mich stand. Dieser hatte Mitleid mit mir und mein Bruder konnte „Puppe" zu einem allerdings höheren Preis zurückkaufen (Geschäft ist Geschäft). Schlagartig ging es mir besser und von da an war ich nur noch mit meinem Pferd anzutreffen. Morgens mußte ich erst in den Stall und mein Pferd begrüßen. Mittags hatte ich kaum Zeit für die Hausaufgaben und schon war ich mit meiner „Puppe" unterwegs. Dieses Pferd war so lieb und gutmütig, daß ich wirklich niemals Angst haben mußte. Ich stieg auf seinen Rücken, rutschte unter dem Bauch hindurch oder einfach durch die Beine von vorn nach hinten. Es ist mir niemals etwas zugestoßen. Leute, die uns beobachteten, konnten es kaum fassen, daß so ein kleines Mädchen mit so einem großen Pferd umgehen konnte. Ich gab diesem Pferd mein ganzes Vertrauen und bekam genausoviel Vertrauen zurück.

Wir machten wunderbare Ausritte am „Wöhrdener Deich" entlang oder einfach quer durch die Feldmark. Manchmal kamen Freunde mit ihren

Ponys mit, aber eigentlich war ich viel lieber alleine mit meiner „Puppe" unterwegs.

Es sprach sich natürlich herum, was für ein tolles Pferd wir hatten und so wurde meinem Bruder eines Tages viel Geld für das Pferd geboten. Da er durch und durch Geschäftsmann war, konnte er nicht abschlagen und verkaufte „Puppe" wieder. Ich sollte ein anderes Pferd bekommen, wir hatten ja genug davon. Aber ich wollte nur meine „Puppe" und kein anderes und weinte bitterlich und wurde wieder krank. Dann sprach meine Mutter ein Machtwort und das Pferd mußte abermals zurückgekauft werden. Mutter erließ striktes Verkaufsverbot. Auch mein Bruder sah ein, daß es zwecklos war mit diesem Pferd ein gutes Geschäft machen zu wollen. „Puppe" gehörte fortan endgültig zur Familie. Ob geritten, vor der Kutsche oder im Winter mit sechs oder mehr Schlitten hinter sich, sie ließ uns nie im Stich. Selbst ein voll beladener Wagen mit Rüben, nichts war ihr zu viel.

Dann bekam Puppe ihr erstes Fohlen und ich verstand plötzlich die Welt nicht mehr. Ich hatte mich so auf ihr Fohlen gefreut und wollte natürlich sofort in die Box und das Fohlen streicheln, aber das ließ Puppe nicht zu. Sie war so um ihr Fohlen besorgt, daß sie sogar auf mich mit angelegten Ohren und weit aufgerissenem Maul losging. Keiner durfte die Box betreten. Dieser Zustand dauerte einige Tage an und wir waren schon ratlos, wie es wohl weitergehen sollte. Aber allmählich wurde es besser und Puppe erlaubte uns die Box zu betreten und auch ihr Fohlen anzufassen. Wir waren natürlich sehr vorsichtig, denn ein Pferdebiß kann sehr schmerzhaft sein. Die Stute bekam noch mehrere Fohlen und jedesmal wiederholte sich das Schauspiel in den ersten Lebenstagen der Fohlen. Aber wir kannten unser Pferd ja ganz genau und wußten nach ein paar Tagen war alles wieder gut.

Ich hatte eine wundervolle Kindheit mit diesem Pferd. Von einigen Freunden bekam ich den Spitznamen „Pony", weil ich nie auf dem Fahrrad, wie andere Kinder, sondern eben immer auf dem „Pony" anzutreffen war. So wurde Puppe älter und blieb, bis sie wegen einer Hufkrankheit eingeschläfert werden mußte, bei uns. Meine Familie hat immer sehr viele Pferde gehabt, aber keines war wie meine „Puppe".

Aufgezeichnet von Ernst Plüschau, 25335 Neudendorf

Vorwort:
Meine Heimat ist die Elbmarsch im schönen Schleswig-Holstein Land,
auch bekannt als Hochburg der holsteinischen Pferdezucht.

Vorweg eine Warnung an die Leser, an die vernarrten Pferdeliebhaber.

„In meinem landwirtschaftlichen Beruf sehe ich die Pferde evtl. mit
anderen Augen. Wir brauchten hauptsächlich den Einsatz und die Energie
des Pferdes für Arbeitszwecke. Für Zimperlichkeit war kein Raum in unserem bäuerlichen Beruf. Doch das Pferd hatte immer einen ehrenvollen
Platz an meiner Seite. Hieraus folgt nun eine kurze niedergeschriebene Le-
bensgeschichte.

Die Geschichte vom Kamerad „PFERD"

Es war ein Herbsttag im Jahr 1945. Ein Schlechtwetter Durchzug wurde
vom Radio gemeldet. Verbunden mit Sturmböen Stärke 7–9. Es bestand
große Hochwassergefahr. Dies war in dieser Jahreszeit keine Seltenheit.
Unsere Außendeichgebiete, daß heißt die Ländereien vor dem Deich-
schutz, wurde oft von den Gezeiten der Elbe überflutet.

Kurz entschlossen sattelte ich meine 5jährige Stute „Berzawa". Denn auf
der vom Hof ca. 3 km entfernt liegenden Weide im Außendeich, grasten
noch 8 Jungrinder und 3 Fohlen. Unser nicht ungefährlicher Ausritt begann:

An der Deichdurchfahrt, die sogenannte Deichstöpe, sah ich bereits die
Überschwemmung der niedrig gelegenen Ländereien. Der vor uns liegen-
de Weg war stellenweise leicht überflutet. Die angrenzenden Baumreihen,
gemischt aus Eschen – Erlen – und Kopfweiden zeigten uns die Seitenbe-
grenzung des schmalen Wegpfades an. Regenschauer und gewaltige Sturmböen bereiteten ein schweres Vorwärtskommen. Berzawa witterte die Gefahr des Wassers. Sie wollte umkehren, aber durch Zügel und Schenkelein-
wirkung behielt ich als Reiter die Oberhand.

Ich, damals 21 Jahre jung, war unternehmungslustig. Als Landwirtsohn,
pflichtbewußt in meinem Beruf, dachte ich an die Tiere in Not. Nicht aber
an die Gefahren der Flut, die mich und meinem Pferd noch erwarten sollten. Eine meterhohe Flutwelle trieb von der nahen Elbe über das Land.
Erdbebengleich erschütterte der Boden. Einige Bäume knickten um, als
wären es Streichhölzer. Von der reißenden Flutwelle wurden sie fortge-

14

spült. Obwohl wir uns sicherlich beide in einem Schockzustand befanden, bewies Berzawa große Stärke und Zuverlässigkeit. Durch einige rasante Hochsprünge waren wir, Pferd und Reiter, nur noch von der schäumenden Gischt umgeben. Vorwärts, vorwärts gegen Wind und Wetter.

In der Ferne sah ich unsere Rinder auf einem Hügel vor der Einfriedigung stehen. Die 3 Fohlen standen 500 m auf der Koppel, nahe des Grenzgrabens, bis zum Bauch im Wasser. Auch sie hatten die Flutwelle lebend überstanden. Der Weg durch das Wasser war beschwerlich, doch bald erreichten wir die Koppel. Zum Öffnen der Einfriedigung stieg ich vom Pferd ab. Es erforderte große Kraftanstrengung meinerseits das Tor entgegen der Strömung und Windstärke zu bewegen. Ich wollte nun die Fohlen zu den Rindern auf den Hügel, die sogenannte Warft, treiben. Jetzt ergab sich bei meiner Stute der erste Mutterinstinkt. Durch das Wiehern von Berzawa wurden die Fohlen aufmerksam. Rührten sich jedoch nicht einen Meter von der Stelle.

Erneut wurden wir von einer Sturzwelle erfaßt. Sie traf mein Pferd seitlich und drückte uns in den Grenzgraben. Das Wasser stand mir bis zur Brust. Von Berzawa sah ich nur noch die Ohren. Von der Strömung getrieben, landeten wir beide auf der Nachbarweide. Ein zweites Mal durchquerten wir den Grenzgraben, natürlich gegen die Strömung. Mehreremale war mein Pferd wieder vollkommen unter Wasser. Ich hielt mich mit einer Hand fest am Sattel, mit der anderen krallte ich mich in die Pferdemähne. Wir erreichten sozusagen „Hand in Hand" schwimmend das Ufer. Wir hatten wieder den festen Boden der Weide unter den Hufen. – Durch diese Manöver erschraken die Fohlen. Und der Zufall wollte es, daß sie bei den Rindern Schutz suchten. Hier waren sie vorläufig in Sicherheit. Meine Aufgabe sah ich als erfüllt, denn mehr war unter diesen Gegebenheiten nicht möglich.

Auf dem Heimweg sah ich auch andere Rinder in ihrer Koppel auf dem Warfthügel stehen. Das Wasser war um einen halben Meter höher angestiegen. Meine Stiefel schleppten noch immer das Flutwasser mit sich. Der Sturm trieb Welle um Welle mit aller Naturgewalt gegen den Deich. Einige umgewehte Bäume versperrten den Rückweg. Doch meine treue Berzawa stieg über die Äste hinweg, zielstrebig dem schützenden Deich entgegen.

Zu Hause wurde ich mit einem lachenden und einem weinenden Auge empfangen. Meine Eltern waren froh, mich gesund wiederzusehen. Ebenso erhielt ich aber eine Belehrung, daß es unverantwortlich gewesen sei, mich allein den Gefahren der Hochwasserflut auszusetzen. Doch allein habe ich mich nie gefühlt. Berzawa war immer bei mir. Wie nah bei mir, haben diese Zeilen berichtet.

„Meine allerbeste Freundin"

Britta Wesche

Irgendwann, wenn ich genug Geld, Zeit und Energie habe, werde ich mir ein Pferd kaufen … Seit mein Opa gestorben, und alle Pferde verkauft wurden, war das immer mein Traum gewesen. Aber mein Traum rückte immer weiter in die Ferne.

Inzwischen war ich 28 Jahre alt und sehr krank. Ich hatte gerade eine Chemotherapie hinter mir, hatte keine Haare auf dem Kopf und war sehr schwach auf den Beinen. Alles hatte seinen Sinn verloren.

Zu Besuch bei einer Freundin las ich zufällig folgende Anzeige:

> Verkaufe Norweger Wallach
> 9 Jahre + Großpony –
> Stute 4 J., Telefon: …

Ich legte die Zeitung schnell zur Seite; ich holte sie ebenso schnell wieder hervor. Oh, wie gern hätte ich den Norweger!, aber … aber wieso eigentlich nicht? Wann, wenn nicht jetzt?

Kurz entschlossen wählte ich die angegebene Telefonnummer in Norderstedt.

Die freundliche Frau am anderen Ende der Leitung sagte, ich solle doch gleich mal vorbeikommen. Ich notierte die Adresse, schlief aber erst einmal darüber.

Ich hatte am nächsten Tag gerade eine halbe Stunde Mittagspause – das würde reichen; der Hof war in der Nähe meiner Arbeitsstelle.

Zuerst zeigte die Bäuerin mir die Großponystute, eine wunderhübsche Blauschimmeldame, die mich gleich interessiert beschnupperte. Ihre großen schwarzen Augen sahen mich flehend an: „Bitte, nimm mich doch mit!"

Der Norwegerwallach ließ sich recht teilnahmslos vorführen, und ich konnte mich gar nicht recht konzentrieren, denn ich hatte nur noch die Blauschimmelstute im Kopf! Es war „Liebe auf den ersten Blick".

Ich hatte gerade noch hundert DM in der Tasche, die ich anzahlte, und die Bäuerin gab mir noch ein Foto der Stute aus der Sofortbildkamera mit.

Ich eilte zurück in die Firma, leider hatte ich die Mittagspause etwas überzogen. Zur Entschuldigung konnte ich nur das Foto vorzeigen: „Ich habe mir eben ein Pferd gekauft." „Ich glaube, du spinnst!", war die Antwort.

Nein, das tat ich nicht! Ich bin gleich nach Feierabend nach Bad Sege-berg zur Sparkasse gefahren, habe das noch fehlende Geld abgehoben, und bin dann wieder zurück nach Norderstedt geeilt, um mein Pferd zu bezah-len.

Nun konnte ich „Bella" mein eigen nennen!

Wir verbrachten den Spätsommerabend zusammen auf der Weide, und die Tatsache, daß wir jetzt zusammengehören, gab mir so viel Energie, daß ich meine schwere Krankheit fast vergaß.

Am nächsten Tag fuhr ich zu meinen Eltern nach Bad Segeberg. Dort im Keller lagen seit vielen Jahren Halfter, Trensen, Bürsten, Striegel, Sattelsei-fe und Hufkratzer. Alles Brauchbare verstaute ich heimlich in meinem Au-to, weil ich mich nicht traute, meinen Eltern von meinem Kauf zu erzählen. Ich wußte, meine Mutter würde krank vor Sorge, daß mir etwas zustoßen könnte.

Nun hatte ich schon die erste Ausstattung für Bella. Da ich aufgrund meiner Krankheit recht ungelenkig war, mußte ich mir erst einen Baum-stumpf suchen, um auf Bellas Rücken zu klettern. Sie ließ mich freundlich gewähren, und so machten wir unseren ersten Ausritt zum Kennenlernen. Wir waren beide sehr unsicher, denn wir wußten ja beide nicht, was wir von unserer neuen Partnerin zu erwarten hatten.

Ich erfuhr später, daß Bella mit einem Schlachtviehtransport von Däne-mark nach Frankreich unterwegs war und in Norderstedt zusammen mit anderen Pferden freigekauft worden war.

Mein Geheimnis „Bella" hütete ich noch so lange, bis ich für sie ein Zu-hause in der Nähe von Bad Segeberg gefunden hatte. Das klappte recht schnell, und ich mietete eine große, helle Box mit Weide.

Meine Eltern und meine Freunde „bescheinigten" mir, daß ich verrückt sei: „Bei deiner gesundheitlichen Verfassung!!!"

Ich war noch immer sehr kraftlos und wenig belastbar, und es war frag-lich, ob es mir jemals wieder besser gehen würde. Ich mußte das Reiten erst wieder neu lernen. Inzwischen hatte ich einen passenden Sattel gekauft und beschloß, mit Bella zusammen Reitunterricht zu nehmen.

Dabei zeigte sich, daß Bella gern ihren eigenen Willen durchsetzte, und es erforderte sehr viel Geduld und Ausdauer, ihr beizubringen, wer von uns beiden bestimmte, wo's langging. Abends nach dem Reiten, fiel ich tod-müde ins Bett, war dabei aber recht entspannt und zufrieden.

In unserem ersten gemeinsamen Jahr wurden Bella und ich ein gutes Team.

Ich wurde immer kräftiger, meine Haare wuchsen wieder, Farbe kehrte in mein Gesicht zurück, und die Medikamente wurden reduziert.

Es ging mir – den Umständen entsprechend – gut!, denn ich war glücklich mit Bella. Und das war eine gute Voraussetzung für größere gemeinsame Unternehmungen: Unsere Ausritte wurden immer länger, und ich fand Gefallen am Wanderreiten. Aus zwei Rucksäcken habe ich für diesen Zweck Satteltaschen genäht. Halfter, Bürste, Hufkratzer, Taschenmesser, Kleidung zum Wechseln, Regencape und Schlafsack, sowie Landkarte und Kompaß wurden eingepackt – und los gings!

Ich wurde gewarnt: Es ist zu gefährlich, als Frau allein mit dem Pferd auf eine mehrtägige Tour zu gehen. Aber gerade das hat für mich seinen besonderen Reiz: Das Erleben der Natur und auch die Beziehung zum Partner Pferd ist so viel intensiver. Bei unseren Verschnaufpausen wich mir Bella keinen Schritt von der Seite – wollte sie mich beschützen?

Wir übernachteten bei verschiedenen Bauern, oder bei anderen Pferdefreunden, die sich vorher bereiterklärt hatten, uns für eine Nacht zu beherbergen. Bei einigen Leuten wurden wir sehr fürstlich bewirtet.

Geschlafen habe ich im Schlafsack auf dem Wohnzimmerteppich oder im Gartenhäuschen und Bella auf der Hauskoppel. Einmal übernachtete ich neben der Box, in der Bella ihr Nachtquartier hatte. Das war eine besonders unruhige Nacht: Bis auf kurze Ruhepausen war Bella die ganze Zeit mit „fressen" beschäftigt und zupfte immer mit dem Maul an meinem Schlafsack, wenn sie mehr Heu haben wollte.

Inzwischen sind fast 6 Jahre vergangen. Bella und ich haben viel Spaß an unseren Abendausritten, am Wanderreiten oder an den Ringreiterspielen im Sommer. Genau so viel Spaß macht es aber auch, einfach nur mit Bella am Halfter spazieren zu gehen, oder auf der Wiese in der Sonne zu liegen und ihr beim Grasen zuzusehen.

Bella versteht das für sie Wichtigste meiner Sprache und ich habe ihre Gebärden zu deuten gelernt. Manchmal legt sie ihr Maul auf meine Schulter, pustet mir vorsichtig ins Ohr und schaut mich dabei an – sie ist dann ganz entspannt und zufrieden.

Dank meiner intensiven Freundschaft mit Bella ist meine schwere Krankheit ziemlich in den Hintergrund getreten, und so soll es auch bleiben.

De veerte Foot maak't Perd erst good

Bella und ich unterwegs; Pfingsten 1994

Life mit meinem Friesenpferd
Wie entstand der Virus „Friese"?

Meine geliebte Reitponystute mußte ich töten lassen, da mir ihr Gesundheitszustand keine andere Wahl ließ. Es ist dieses ein schlimmes Erlebnis und doch ist es vielleicht gut, am Anfang meiner Erzählung zu stehen. Es gibt nicht nur die unendliche Freude mit einem Pferd: es gibt auch durchwachte Nächte, Sorgen um die Gesundheit, bei Kolik, Verletzungen, bei strapazierten Beinen, bei Zahnschmerzen, was immer es auch sein mag.

Ja, und dann als Letztes, eben die zwingende Entscheidung – eine Erlösung von den Qualen – aus Achtung, Liebe und letzter Freundschaft, für den geliebten Kameraden. Über ein Jahr war jegliche Freude an einem Pferd verschwunden. Dann begann langsam sich wieder Interesse zu regen – ich kaufte mir schon mal eine Pferde-Zeitschrift. Bei irgend einem Exemplar, las ich dann einen recht ausführlichen Artikel über das Friesenpferd, bereichert mit Fotografien.

Dieser Artikel, diese Bilder, es war um mich geschehen, es war Liebe auf den ersten Blick, wenn im Moment auch nur auf dem Papier. Ich war hingerissen von diesem Adel, dieser Ausstrahlung, dazu die Charakterbeschreibung – es stimmte alles – jedenfalls für mich. Nun suchte ich nach mehr Lesbarem, nach Informationen im Praktischen, es gab nirgendwo etwas zu finden und jemand der so ein Pferd hatte, war schon gar nicht zu erreichen. Jede Pferdezeitschrift kaufte ich – und legte sie voller Enttäuschung wieder fort. Diese Friesen waren bei uns wohl gar nicht vorhanden. Es gab sie wohl bloß in ihrem Ursprungsland – Holland! Nach über einem Jahr, war dann eine Anzeige, über den Verkauf eines Friesenhengstes im Pferdeblatt.

Sofort schrieb ich einen Brief, in dem ich meine Wünsche kundtat. Denn Wünsche hatte ich: es sollte eine Stute sein, sie sollte schon älter sein (ich selber bin auch nicht mehr neu!) Sie sollte ruhig und verkehrssicher sein, nicht so groß, bin ich auch nicht und eben echt „friesisch" aussehen. Voll Spannung und Herzklopfen schickte ich den Brief auf die Reise.

Lange hörte ich dann nichts. Doch eines Abends dann ein Anruf: es steht ein Friesenwallach zum Verkauf. Sehr lieb, gut geritten, aber – und das war das Aus, riesengroß! Es war ein langes Gespräch, mit vielen Fragen und Informationen. Endlich war da jemand der diese Pferde besaß und nicht nur einen Teil meiner Fragen stillte, sondern meinen Wunsch nach so einem

Pferd noch vertiefte. Es gingen noch etliche Telephonate hin und her, einfach, um mehr über diese Rasse zu wissen. Ein Wallach wäre schneller zu haben gewesen, doch es sollte eine Stute sein, so viel Verstand blieb mir gerade noch, bei aller Ungeduld einen Friesen zu besitzen.

Eines Tages dann ein Anruf: ich habe eine wunderschöne Stute für sie, nicht so groß, 7 Jahre alt, sehr lieb – aber tragend! Mir blieb fast das Herz stehen! War es das? War das mein Traumpferd? Ist die Suche zu Ende? Alle Gedanken purzeln durcheinander. Ein Fohlen! Wer soll das nur so schnell verkraften – und eigentlich ist sie mir viel zu jung und der Preis, wo kriege ich das Geld her? Ich muß mich erstmal sammeln. Wir telephonieren noch etliche Male, einigen uns um den Preis und vereinbaren den Abholtag.

Hier muß es mir auch mal erlaubt sein, meiner Familie ein „Dankeschön" zu sagen! Nicht nur wegen der hohen Telephonrechnung, nein, ich mußte meine Ungeduld und Freude einfach loswerden. Es ging ja nur noch um Friesen und die Grenze der Toleranz war sicher mehr als erreicht. Mitleidige Blicke, auch in der engeren Umgebung! Wer kann auch schon verstehen, daß man als Großmutter noch solche Wünsche hat! Wem kann man überhaupt diesen Virus „Pferd" klarmachen, wenn derjenige überhaupt kein Interesse an den Tieren hat? Ist man selber nun ein Narr, oder ist man ein reicher Mensch, dem Freude zuteil wird, die andere gar nicht empfinden können? In meiner Narrheit nehme ich für mich das Letztere in Anspruch.

Geliebte
Friesenstute
Wytske

Erste Begegnung

Erdmut Vedova

Nach einigen schlaflosen Nächten ist es endlich soweit, wir fahren in aller Frühe los. Eine Strecke von gut 700 km liegt vor uns. Ein leerer Pferdeanhänger und eine volle Tasche Geld begleiten uns. Ich weiß und sage es mir immer wieder vor, daß ich genauso wieder hier ankommen kann. Wissen Sie, wie lang soviele km mit dem Pferdeanhänger sind? Wenn man dann noch so voller Spannung ist, nimmt und nimmt der Weg kein Ende. Irgend wann ist es doch endlich geschafft. Was erwartet mich? Kann man überhaupt noch mehr Spannung ertragen? Mit zitternden Knien steige ich aus – und da werden wir auch schon herzlich begrüßt. Nach belanglosem hin und her, geht es gleich in den Pferdestall.

Eigentlich nehme ich überhaupt nichts wahr, denn meine Augen und Sinne hängen sofort an einer wunderschönen 3jährigen Maidenstute. Aber sie ist nicht verkäuflich, sie ist es ja auch nicht, die auf mich wartet! Als mir dann „meine" Stute gezeigt wird, bin ich irgendwie enttäuscht, sehe sie auch gar nicht richtig, immer wieder bin ich bei dem Stütchen.

Wir pallavern, trinken erstmal Kaffee. Dann wird mir eine Putzkiste in die Hand gedrückt und das Pferd herausgeholt. Wir werden uns zunächst mal miteinander beschäftigen. Und da kommt sie aus dem Stall, welch ein Bild! Stolz und frei, in Blick und Schritt! Wo hatte ich nur meine Augen? Vor mir steht meine Wytske! Eine faszinierende Ausstrahlung geht von ihr aus. Der edle Kopf mit den klugen, guten Augen, aufmerksamen kleinen Ohren, der schön aufgesetzte Hals mit wallender Mähne, klare Beine, nun ja, ein Bäuchlein, natürlich, sie soll ja auch bald fohlen. Eine exakte Hinderhand mit prächtigem Schweif. Ein Traumpferd!

Nachdem sie sich mit meinem Geruch vertraut gemacht hat, putze ich sie. Das ist ein intimer Kontakt und man kann dabei schon vieles merken. Nicht einmal als hochtragend ist ihr das Putzen an irgend einer Stelle unangenehm. Ihre Hufe gibt sie ruhig und willig. Sie genießt es in der Sonne so gerubbelt zu werden und wir sind sehr zufrieden miteinander.

Ich setze ihr eine Trense auf und nehme sie mit auf einen Spaziergang. Fröhlich prustend geht sie neben mir, ein Teil der Sinne schaut in die Umgebung und immer wieder kommt ihr Kopf an mich heran, um meinen Geruch aufzunehmen und meiner Stimme zu lauschen. Dann steige ich nochmal auf und reite sie, auch da haben wir keine Schwierigkeiten miteinander.

So wird der Kauf perfekt, wir verladen, auch kein Problem, und machen uns auf den Heimweg.

Die Pferdekenner sagen nun sicher, wie kann man so ein Pferd kaufen? Aber ich bin in dem Sinne auch kein Kenner, ich bin ein Pferdeliebhaber und Pferdenarr, da muß vor allem die Resonanz zwischen uns stimmen, daß ist mir mehr, als ein tierärztliches Zeugnis.

Nachts um drei sind wir endlich Zuhause! Artig und vorsichtig steigt Wytske vom Anhänger. Zufrieden schnobernd geht sie in ihren neuen Stall. Ein wenig Futter und Wasser und erst einmal Ruhe für sie und uns. Nur mein Herz ist so übervoll von Glück und Freude, daß ich trotz aller Müdigkeit nicht recht schlafen kann.

Meiner Wytske!

Ach, was wär auf dieser Erde,
ich nur ohne meine Pferde!
Sorg' und Müh', daß ist wohl wahr,
aber ebenso ist klar – – –
wieviel Glück du mir gegeben,
hast in deinem Pferdeleben.
Oder wenn mir mal nicht gut,
ich an deinem Hals geruht
und du mir mit sanftem Blick,
meinen Frieden gabst zurück.
Dafür du mein liebes Tier,
dafür Wytske, dank ich dir.
Mögen wir noch mit den Jahren,
eine Weile vorwärts traben.

Erdmut Vedova

Der Beginn einer Freundschaft

Erdmut Vedova

Nach dem Füttern beginnt der erste Morgen für uns mit einem ausführlichen Putzen. Dabei lassen wir uns jede Menge Zeit, damit wir uns gut kennen lernen. Dann gehe ich mit ihr das neue Zuhause ab. Interessiert und vertrauend geht sie neben mir her, lauscht aber auch immer wieder meiner Stimme. Auf der Hauskoppel darf sie dann an der Führleine neben mir grasen. Eifrig rupft sie das schöne Gras. Danach geht sie in ihren Paddok, damit sie sich in Ruhe ihre neue Umgebung anschauen kann. Natürlich besuche ich sie oft.

Sie ist ganz gelassen, obwohl sie zunächst alleine bei mir ist. Träumend und in sich hineinhorchend, steht sie in der Sonne, offensichtlich zufrieden.

Am nächsten Morgen nach der Körperpflege, gehen wir dann gemeinsam ihre Weide ab, dann lasse ich sie frei. Einen Moment steht sie noch bei mir, doch dann setzt sie an zu einem Trab über die Koppel, kreuz und quer. Welch ein Bild! Diese Beinaktion, dieser Adel – – – das ist mein Pferd? ! Andächtig trinke ich dieses Bild in mich hinein. Wie ein Standbild steht sie nun, in stolzer, aufgerichteter Haltung und schmettert ein klingendes Wiehern in den Morgen. Noch ein Blick über ihr Revier, dann beginnt sie in Ruhe zu grasen.

Die Zeit bis zum Fohlen verbringen wir mit putzen, spazieren gehen und reiten auf der Hauskoppel, die eine Größe von 10 ha hat, da kann man sich schon tummeln. Da sie lange nicht gegangen ist, lege ich keinen Sattel auf, wir ziehen so gemütlich dahin, freuen uns am Gesang der Vögel, die Wärme der Sonne, die Hasen und Rebhühner, die wir aufstöbern, die uns aber nicht erschrecken. Wir traben auch gemütlich ein Stück und immer wieder erzähle ich ihr wie schön wir es haben werden. Fällt mir kein Erzählen mehr ein, dann singe ich, was mir so gerade in den Sinn kommt. Wytske mag es gerne, ein Ohr geht nach vorn, um zu sichern, ein Ohr lauscht auf's Singen. Wir haben schon ein gutes Verhältnis und darum bin ich auch bemüht, damit sie mir möglichst viel Vertrauen schenkt, wenn das Fohlen geboren werden soll.

Good Peerd treckt tweemal

Das Fohlen

Erdmut Vedova

Nachdem sie die letzten Wochen in der Sonne so vor sich hingebrütet hat, eutert Wytske jetzt kräftig auf. An der abfallenden Kruppe bilden sich kleine Dellen, dann bilden sich Harztropfen. Sie selber ist ganz ruhig. Im Gegensatz zu mir, die ich restlos zappelig werde. Am Morgen, beim Putzen merke ich, daß die Schwanzwurzel sich lockert, geschmeidig wird. Ich lasse sie auf die Koppel und verrichte im Stall ein „Großreinemachen". Immer wieder einen Blick auf die werdende Mutter werfend, doch alles bleibt ruhig.

Abends hole ich sie dann herein, merke ihr aber an, daß die Geburt beginnt. Bewegung ist ja in solchem Fall immer gut und so gehe ich noch mit ihr über die Hauskoppel. Doch nach einem kurzen Stück, nimmt sie meinen Führarm mit den Lippen und drängt Richtung Stall. Zufrieden, daß ich begriffen habe, geht sie im flotten Schritt zum Hof. Im Stall schnobert Wytske im sauberen Stroh, ganz ruhig.

Von Ruhe kann bei mir keine Rede sein. Kein Auge mache ich zu in der Nacht, immer wieder schaue ich durchs Fenster, um sie zu beobachten, ohne sie zu beunruhigen. Doch nichts passiert. Um fünf Uhr stehe ich dann endgültig auf, gehe zu ihr und nehme sie heraus auf die Koppel, um den Stall zu richten. Fast im Trab geht sie zur Weide und ich werde nicht stutzig! Als ich dann nach etwa einer viertel Stunde nach ihr schaue, hat sie sich in die schönste Ecke der Koppel gelegt, das Fohlen ist schon geboren, der Kopf ist frei, Wytske steht gerade auf und auch das Fohlen versucht, schon voller Willen, seine Beine zu sortieren. Nachdem ich mich überzeugt habe, daß alles in Ordnung ist, lasse ich sie erstmal alleine.

Wytske macht ihre Sache prima, leckt ihr Kind sorglich trocken, beobachtet die Aufstehversuche, die dann endlich gelingen, wartet geduldig bis es die Milchquelle findet. Nun rupft sie sich selbst etwas Gras, ihr Kind dabei nicht aus den Augen lassend. Mit staksigen Beinen wuselt es um sie herum, wagt schon einen Trab, fällt um, rappelt sich wieder auf und weiter geht's Probieren, bis sogar ein Galopp, nun schon recht sicher, gelingt. Nach soviel Bewegung meldet sich der Hunger! Mit großer Sicherheit wird die volle Quelle angegangen. Müde gespielt legt es sich in das sonnenwarme Gras.

Es ist ein wunderschöner Sonntag im Juni, wie er schöner nicht sein kann, um so ein entzückendes Pferdekind bei uns zu empfangen. Zu der großen Erleichterung und Freude, daß alles so gut ging, kommt noch das Glück – es ist ein Stutfohlen! Da ja die Friesen eine holländische Rasse sind, hatten wir nun unsere kleine „Meisje". Beim Frühstück im Garten, mit Blick auf die Koppel, wurde bei einem Glas Sekt Fohlen und Name gewürdigt und willkommen geheißen.

Wytske und Meisje

Ein herrlicher Winterritt

Erdmut Vedova

Es hat geschneit – – – welch eine Pracht! Nun ist der Himmel klar und verspricht einen selten schönen Tag. Zudem ist es noch windstill, bei uns im Norden eine Seltenheit. Ich lasse alles stehen und liegen, schnappe mir Sattel und Trense, stapfe hinüber in den Stall.

Grummelnd wiehert meine Wytske und ich erzähle ihr, wir werden einen schönen, winterlichen Ritt machen. Sie nimmt es sehr gelassen, geht sie doch täglich auf die Weide, auch im Winter und hat einen Pelzmantel, um den sie manch schöne Frau beneiden würde!

Also, fix mit der Wurzelbürste gearbeitet, satteln, trensen und wir ziehen los. Da es so herrlich, fast feierlich ist in der Natur, wollen wir keine Straße mit Verkehr. Wir gehen über den Feldweg in die Wiesen, wo wir mit uns und der Stille alleine sind und eine einsame, frische Spur in den unberührten Schnee ziehen. Drei Rehe liegen im Knick, stehen auf, doch sie kennen uns, verharren, – – – beobachten – – – schon sind wir vorbei!

Nun kommt eine herrlich lange Weide. Ich frage Wytske: wollen wir? Und nur über die Gedanken fällt sie in Trab und Galopp. Der Schnee zerstaubt zu tausenden von Diamanten, der Hufschlag ist nur dumpf zu hören, die scharfe Winterluft treibt mir die Tränen ins Gesicht, das Wiegen im knirschenden Sattel, das wohlige Prusten vom Pferd – – – wie soll man so ein Glück nur beschreiben?

Die Koppel endet in einer schmalen Bohlenbrücke, so pariere ich zum Schritt, um sie vorsichtig zu queren. Mein Pferd geht so freudig und ausgeglichen – nicht nur mir bringt er Freude, dieser wunderschöne Tag. Nach einer guten Stunde geht es langsam Richtung Heimat, sie soll ja nicht so verschwitzt in den Stall kommen. So lasse ich meine Seele genießerisch baumeln und denke voller Dankbarkeit, wie herrlich es ist, so einen lieben Kameraden zu haben. Wir stellen ja keine Ansprüche und sagen: wir können Dieses und Jenes, aber wir verstehen uns bis ins Letzte und jeder weiß, daß er sich auf den anderen verlassen kann.

Zufrieden kehren wir heim und den ganzen Tag klingt dieser schöne Ritt in mir nach.

Dat beste Peerd ut'n Stall trecken.

27

Polle – eine Schleswiger Stute

Erdmut Vedova

Sie kam zu uns im Mai 1941. Mein Vater hatte sie bei dem Pferdehändler Frahm, in Süderbrarup gekauft. Sie war fünf Jahre alt und sollte die Lücke wieder auffüllen, die es im Stall gegeben hatte, da zwei Pferde von der Wehrmacht eingezogen waren und in den Krieg gingen. Der Anblick des Pferdes war ein Jammer; mager, struppig, matt und ungepflegt aber – hochtragend!

Sie hat mich so erbarmt, daß ich sofort die Pflege und Sorge für die Stute, die wir „Polle" nannten, übernahm. Dieses hat sie mir ihr Lebenlang nicht vergessen. Vom Betrieb gab es erstmal Ferien – sprich Koppel, mit saftigem Maigras.

Sehr schnell waren wir beide völlig vertraut miteinander. Ihr Charakter war einwandfrei. Als Mutterstute war sie vorbildlich und als sie wieder bei Kräften war und in die Arbeit des Betriebes eingespannt, da gab es nichts, was sie nicht gut erledigt hätte oder gar stehen ließ.

Allerdings konnte es vorkommen, daß sie bei der Heimkehr von der Arbeit, wenn sie am offenen Küchenfenster vorbeikam, den Kopf durch das Fenster steckte und schaute, ob sie auf dem Küchentisch etwas Freßbares fand! Oder, wenn sie vom Hofplatz kam und sie gingen in den Stall, dann machte Polle, sobald sich die Gelegenheit bot und die Haustür stand offen, einen „Hausbesuch". Mit grummelndem Wiehern heischte sie etwas zum Fressen und trollte dann den anderen nach.

Drei extreme Erlebnisse mit „meiner Polle, möchte ich berichten. Natürlich war sie in erster Linie Arbeitspferd, doch wenn immer es ging, bin ich mit ihr geritten und es war immer herrlich. Doch beim Reiten hatte sie eine Macke – sie mochte absolut kein Wasser. Mit aller Güte, selbst mit Härte, es war nichts zu machen. In einem Sommer, an einem Sonntag, bin ich in aller Frühe losgeritten, nachdem ich sie von der Weide geholt hatte. Nach dem Putzen ging es los über Winderatt, hinunter an den Winderatter See, dort war ich mit ihr noch nie gewesen. Als wir über die Bergkuppe kamen und der See uns zu Füßen lag, blieb sie stocksteif stehen und schnaubte entsetzt. So viel Wasser! Mit gutem Zureden schaffte sie es bis an den untersten Zaun. Dort band ich sie fest und mein Vielfraß fing natürlich gleich an zu fressen. Ich zog meinen Badeanzug an, klopfte Polle und versprach nicht zu lange zu schwimmen. Es interessierte sie wenig. Doch als ich den ersten Fuß ins Wasser setzte, hörte sie ruckartig auf zu fressen und starrte mich entsetzt an. Im Moment dachte ich mir noch nichts dabei und schwamm vergnügt in den herrlichen Morgen. Nach einer ganzen Weile hörte ich ein verzweifeltes Wiehern, so wie eine Stute ihr Fohlen ruft. Ich drehe mich auf den Rücken und sehe mein fassungsloses Pferd an ihrem Platz hin und herzerren und mich immer wieder rufen. Schnell kehre ich um und als ich wieder an Land steige, ist sie ruhig und steckt die Nase gleich wieder ins Gras. Wie ich dann zu ihr gehe, stupft sie mich recht vorwurfsvoll, ist aber erleichtert, daß ich aus dem Wasser bin.

Gegen Ende des Krieges mußten Sachen nach Rieseby gefahren werden. Ich lade alles auf den Einspänner, spanne Polle vor, und fahre am sehr frühen Vormittag los. Ich weiß bis heute nicht, warum ich nicht umkehrte. Die Gegenfahrbahn war voll von Militärfahrzeugen und Flüchtlingstrecks. Auf meiner Fahrspur nur wir. Zurufe wie: „Kehr um, du fährst verkehrt!" schallten zu uns. Doch unverdrossen trabte Polle voran. Plötzlich kommt von vorne ein Tiefflieger. Ich lenke rechts in den Knick und stehe unter Büschen. Schnell springe ich ab und nehme Polle aus dem Wagen, damit sie zur Not frei ist. Zum Glück dauert der Spuk nicht lange, zwar kommt der Flieger nochmal zurück, doch ist ihm meine leere Seite nicht ergiebig genug und er hält auf die andere Seite.

Vergangene Zeit – so wurde das Korn eingefahren
Polle mit eigenem Nachwuchs

Es war überall nicht allzuviel passiert. Wohlbehalten kamen wir in Rieseby an und als erstes versorgte ich nach der langen Fahrt meine Polle. Da gab es dann Schwierigkeiten. Obgleich andere Pferde im Stall waren, wollte sie nicht fressen und nicht trinken, nur wenn ich daneben stand und ihr zeigte ich wäre da, fraß sie. Die ganze Nacht war sie unruhig und als ich sie am nächsten Morgen spazieren führen wollte, was sie sonst immer sehr liebte, da lief gar nichts zwischen uns beiden, sie wollte nichts wie nach Hause. Zunächst hatte ich gemeint der Weg sei zu lang, ein Tag Pause sei gut. Doch als sie immer unruhiger wurde, spannte ich abends ein und fuhr heim. Natürlich unter Protest der Gastgeber, aber es half nichts, nun wollte auch ich los. Es wurde eine pechschwarze Nacht, kein Mond, keine Sterne, ein Weg geht rechts ab, daß ist die Abzweigung, also abbiegen. Doch Polle streubt sich, wehrt sich, ich muß direkt die Peitsche nehmen. Ergeben geht sie den Weg. Aller Elan, alle Lust ist vorbei. Ich kenne mein Pferd kaum wieder. Nach etlicher Zeit merke ich irgendwie; Mensch, du bist ganz verkehrt! Da endlich dämmert mir ein Licht auf; Polle hat's die ganze Zeit gewußt. Ich schäme mich, gebe ihr die Zügel frei und sage kleinlaut: „Polle, bring uns nach Hause!" Wie sie merkt, daß sie freie Hand hat, da geht der Kopf hoch, der Schritt wird lebendig und sie trabt wann sie will und wohin sie will. Bis heute weiß ich nicht welche Wege sie mit mir gegangen ist, es war einfach zu dunkel und meine Laternen waren lange aus; aber am Morgen um 4.00 Uhr standen wir wohlbehalten auf dem Hofplatz. Nie habe ich sie so abgeliebelt und war das Futter so reichlich, in das sie, zufrieden schnaufend und mahlend, ihre Zähne vergrub.

Ein Jahr nach dem Kriegsende war sie beim scharfen Traben vor dem Rollwagen gestürzt und hatte sich entsetzlich das Knie aufgeschlagen. Es blieb nicht nur beim Lahmen, eine lebensbedrohliche Entzündung machte sich breit. Apathisch stöhnend lag sie im Stroh und war nur ruhig, wenn ich den Kopf in meine Arme nahm. Endlich, endlich kam der Tierarzt. Da sie sich nicht wundliegen sollte, wurde sie mit Federbetten in Gurten „aufgehängt". Zum Glück waren Ferien, deshalb konnte ich sie nach tierärztlicher Anweisung pflegen. Sie war ein recht anspruchsvoller Patient. Die ärztliche Behandlung ließ sie sich gerne gefallen, sie merkte man wollte ihr helfen, aber der übrige Tag sollte ja auch verbracht werden und sie hing mehr wie kläglich in den Gurten! Also saß ich Tag und Nacht mit wenigen Ablösungen bei ihr, dann war sie ruhig. Als wir uns dann nichts mehr zu „erzählen" hatten und es ihr ein wenig besser ging, nahm ich ein Buch mit raus, packte mich ins Stroh und las. Plötzlich wird sie unruhig, ich spreche mit ihr, alles o. k., ich lese weiter. Sie wird wieder unruhig, hat das Gefühl des Alleinseins, das habe ich jetzt begriffen. Also lese ich laut. Natürlich hat sie es nicht verstanden, doch der Klang der Stimme war für sie beruhigend. Sie wußte einfach, ich war da und war zufrieden.

Von der Zeit an, war ihre Zuneigung grenzenlos. Und doch war dieses der Grundstein ihres Endes. Sie bekam einen Hufspalt und trotz aller Sorge, es hielt kein Eisen mehr und sie hatte Schmerzen. So war der Weg den sie gehen mußte da, und ich habe meinen besten Freund verloren.

Ein weißes Bein –
  kaufe das Pferd
Zwei weiße Bein –
  probiere das Pferd
Drei weiße Bein –
  sieh dir es an
Vier weiße Bein –
  lasse es stahn.

Auch im Winter kein Futterneid zwischen Pony und Damwild.

Uns Arbeitspeer – Uns Kameroden
De Sleswiger

Erdmut Vedova

Alleen bi de Överschrift, steiht allens wedder vör mi! De Peerstall mit de Rotschimmel, de Foß, de Brune, de Schecken! Gemüdlich in dat hohe Stroh stohn se, trecken ut de Raufen dat Heu un gnurpsen dormit vör sick hen. En Been schildert – af un to geiht de kräftige Steert so ganz lässig en bet hen un her. Allens is Roh un Tofredenheid.

Dor is over ok dat Bild: en hitte Sommerdag, de Rogg ward meiht. Veer Peerde – sweetnatt – för de Sülvstbinner. Swor stampen se över dat Feld, de Nüstern wiet open, dat Geschirr licht stramm und schumig över Bost un Rüch, en swore Arbeid, over nich en muckt sick. Oder in de Harvst, veer Gespanne trecken achternanner mit de Plog dürt Land, en staatsche Anblick un ganz todeckt mit Kreihen un Möven sünd se altohop. To Kaffetied stoht se all an de Knick un ick wüßt nich en von de Kutschers, de nich wat vun sien Brod mid sien Gespann deelt! Dat is en Enheid un dormit man ock jo de schönste Spann hätt, geiht so mänig Moat Hober extra in de Krüv – von de de Chef nix weet!

To Pingsten wor immer en Maifohrt mokt, dat weer all in de Krieg. Meist müssen wi dree Wogens torecht moken. domols wern jo noch veele Lüd up de Hoff. Toerst wurn de Polster reinmokt un de Wogen wuschen. Denn dat Geschirr putzt – all de blanke Schnallen un Ringe, dat wur wienert bit man nich mehr kunn. Toletz käm de Peer an de Rech, de wurn böstet un striegelt dat se man so glänzten. Schmückt wurn de Wogens un Peer mid Maigrün. Dor ick de Öllere wär, fohre ick de Jagdwog, tweespännig. Min Schwester de Gig un en junge Mann de Enspännerwog. Am schönsten wärt, wen Vader denn ock noch Urlaub har – man wat wer ick stollt, de ganze Familie up mien Wog! Un de Peer, dor wär von Arbeitsperd nich mehr veel tomarken, de gungen aff as Roaspeer un ick har beide Hann vull to doen, dormit ick ördenli lanks kem up de Stroot. Enmol weet ick noch, fohre ick liek över en recht grode Steen, dormols wärn dat jo alln's Sandstrooten. De Wog moke en ördenliche Rups. Reep Vadder vun achten: „Du fährst wirklich schon recht gut!" (man ick wur ganz liek inde Rüch!) Denn es ist gewiß schwer, den Stein mit dem Rad zu treffen, als auszubiegen! Junge, junge dat har nich komen durft, wat wur ick kleen!

In de Winder, dormols wer dat noch düchtich Winder mid veel Schnee un Frost, wur de Melk mid de grode Kastenschlee, mid twee Peer to Meierie fuhrt. Dat wer gor nich enfach. Frieschüffelt wer de Stroot denn noch nich un oft wert son Schneestorm, dat man nix sehn kunn. Doch de Peer wüssen jo de Wech. Oft muß man vun de Stroot af un wiet över Kuppeln, wiel alles vull wer vun Schnee. Meist wur dat Middag, bit se wedder torüch kemmen. Wat sech dat Gespann und de Fohrer blots ut! Alle dick vull Schnee, lange Istappen vun de Näß! Fix wur hulpen, de Mann in de warme Stuv, de Peer vun de Schnee afböstet un mid Strohwischen dröch rubbelt un en örnliche Fudder in de Krüv.

Hüt warn de Strooten jo glickes afstreut un rümt vun de Schnee – wat wer dat herrlich wenn man mid de Rütsch utfohren kunn. In de Isen vun de Peer wurn Stollen indreiht, mid de Ringe vun de Kammdeckel wur dat Glockenspeel fastschroben, de grode, anwärmte Schoppwull – Footsack käm in de Slee, düchtich Deeken, un los güng't. Mid dat fröhliche Gebimmel vun de Glocken dörch de witte Schneelandschaft, dat wer so schön, is gor nich to beschrieven. Meist wärn de Peer ock so richdig vull Mod, de Arbeid wer bi dat Weeder jo nich veel. So susten se af, de Schnee de stoof und de Fortwind drev de Tranen int Gesicht. Ock wenn man af un to en Een sieds bi de Slee leep, kold keem man trüch, de Finger wern so kold, man kunn knapp de Peer afspannen un tuschirren. De Stollen müß man ok utdreihn, wiel de so scharp wern, durften se dormit nich in de Stall stohn.

En oder tweemol in de Winder gev dat Opregung. Wenn de Döschkasten flüttet warn schull. Dat wer asig schwor un dat Gespann, meist weern dat de Rotschimmeln, de harn son bet rheinische – Kaltblod-Inschlag, legen binoh up de Knee, wenn dat grode Ungetüm över de Hoofplatz trucken wur, vun en Loh in de annere. In de Schün up de Zementdeel gung dat wat lichter. De beiden, Felix un Moritz, wärn immer de letzte Hülp, wenn irgendwat fast seet. Wär de Tecker fastfurt, de Schiebenegg oder en vulle Röbenföder har sick restlos inbuddelt, de beiden Dicken kemmen, wurn vörspannt – un stemmten sick in de Toch – ick kann nich denken, dat se wat nich rut kregen!

Mid de Melkwog to Meierie fohren, dat much ick immer gern. Erstmol wär de ganze lude un fixe Afflop immer imponerend, over wat mi noch mehr beindrucke, wär, wie dat afleep mid de Melkwogen. De Perd gung an de Ramp to afflonden, genau dat rechte Steel blev et stahn, ohne dat man Wurt oder Lei brucke. Dann wurn de Kannen dolnohmen. Wär de Wog leer, gung dat Peerd vun allen los, ohn dat eener wat seggt har. De gung so wiet, bit se mid de Schnut an de vörrutstohende Wog keemen. Dor hölle et wed-

der an. So gung dat um de ganze Meierie – achten wur anlevert – vörn utge-
ven – un immer wenn en Wog affohre, rückten alle annern Wogen no – ohne en menschliche Befehl or Hülp. Nie hät dor wat passert, blots kemen
mol weken mid de Achterrad över de Ecksteen. Gedullig stunn se all bi
Wind un Weeder, bit se ferdig weern.

Dreemol de Dag gungen de Peer alleen an de Diek, to Water supen. In de
Winder wur en Lok in't Is haut. In de Sommer, wär dat Middags un
Obends, wenn se vun de Arbeid kemmen, immer en grode Vergnögen. Eni-
ge gungen immer blots ganz vörsichtig dorinn, so man eben mit de Vörfööt.
Doch de meisten bröche dat veel Spoß sick to boden un so richtig rum to
plantschen, dat spritze man so. Enmol henlegen up jede Sied un de Sweet ut
dat Fell spölen, dat wär en Genuß.

In de Sommer gung de ganze Stall, bit up dat Melkpeerd, no Fieerobend
up de Graskuppel. Immer wo de Kööh verdig wärn, grosten de Peer no.
Erst wur affodert, dann gung dat los. Wenn se veel to arbeiden harn, durf
man blots Schrid rien, over wär dat nich so veel un se harn Lust – – – un
Lust up de Kuppel harn se all, – – – denn wär dat oft en wille Jagd! Dat
Hecklock stunn up, de Strooten wärn leer, so kunn dat wull angohn. De
Peerkutscher wärn möh un froh, wenn wie Kinner dat „affnehmen". Wo't
hengung wußten de Peer alleen, so stoof de ganze Flock dürt Hecklock un
– batts wär Rooh! Wie harn jo nix womit wie se stüern kunn, de harn jo blos
en Halfter up. Wenn dat so en schöne Sommerobend in de Ferien wär, legen
mien Schwester un ick oft noch lang up de Peerderüch un vertellten uns wat
oder, wärn de Peer towied utenanner, drömten wie vör uns hen in de laue
Sommerobend.

To Anfang hev ick de Schecken benömmt. Bi de Sleswiger wär so wat jo
selten. Mien Mooder krech to Hochtied en Fool, dat schull egentlich en
Schimmel warn, blots dor wur nix vun. Se blev en Düstervoß. Doch har se as
Stud späder dree Scheckfohlen. De beiden ersten, Max un Moritz, hem wie
lang hat, un dat weer ok en Spann. Moritz wär de schmukste vun se beid. Up
ganz schreckliche Oart kem he to Malhör. He leep dat Wochenend mid de
annern up de Kuppel, mid sien Halfter. As he sick denn irgendwann mol mid
de Achterfoot anne Kopp kleien wull, hoake he mid de Halfterkee so un-
glücklich twüschen Hoof un Isen, dat he sick nich sülwst wedder losmoken
kunn. Dorbie is he denn elendig krepeert – – – dat wär ganz schreklich. Ken
Peerd käm mehr mid Halfter up de Kuppel, ock hüd noch nich bie mie!

En Winder müß´ick ganz alleen de Schoolwech, no de Tooch, 3 km,
mocken. Dat drep sick gerode so. Natürlich wär dat nich schön, jede

Felix und Moritz
Die beiden
Rotschimmel

Moarn bi Wind un Weeder, alleen non Bohnhoff tolopen! Wat hev ick Modder trivelert, se much mie doch rieen loten. Dat wär en harde Stück Arbeid, bit ick ehr sowiet har. Doch denn leep dat allerbest. Wenn dat Peerd nich bruckt wur, stelle ick de bie Görrissen in de Möhl ünner. Wurn to Arbeid bruckt, knüt ick de Tögel ordentlich fast, dreihe ehr Richtung Heimat, gev ehr en Klaps un say: „Af to Huus!" Nie het se Trödelt, immer gung se flott no de Stall.

De erste por Daog reepen ut dat Dörp Lued an bie Modder, se menten dor müß wat passert sien, dat Peerd wär on mie langs koomen. Over denn harn sick alle doran gewöhnt. För mie fung de Morgen nu glicks mid Rieden an, un so wär de School ock to erdrägen!!!

En anner Winder wär en Schwester mid un dat wär bannig veel Schnee. Wer de Wege in Angeln kennt, weet wie dicht de warn koen. Dann wurn se upschüffelt. Ick seh uns noch hüd dörch de Sneestraat rieen – – – de Sieden wärn so hoch, wi kunnen dor gor nich Överkieken!

Dat wär dat Schöne an de Sleswiger Peer, man kunn se to alles brucken. Natürlich käm de Arbeid as erstes. Un dor gev dat nix, wat se nich gedullig un tru mokt hem. Over wenn se dat Kutschgeschirr obkregen un in de lichte Woag inspannt wurn, dann kunn se gohn as de Füerwehr. Ok bied Rieden mokten se alles mid. Ob dat en Jagdgallopp oder en Grov wär, ob dor en Boomstamm leg oder en grode Wall up un dool, oder dürch de dickste Holt, nie hept se Unmoot wiest, im Gegendeel, mit dücht hüt noch, dat het se (un uns!) Spooß bröcht.

Un wiel se so veel dorto bidrogen hem, dat ick son herrliche Kinnertied har, dorüm schall düt en lütte Dank sien vun mie, an unse Kamerod un Fründ, dat Sleswiger Peerd.

„*Funny*"

Marie Carstens, Aukrug-Bünzen

Mutter: Cerena
Vater: Fantus
Geboren: 1973

„Nee, watt is datt denn ... so een Fohlen?"
Cerena ist wirklich eine gute Stute, eingetragen in das Verbands-Stutbuch ... und nun? Auch Heidi, die Mutter war eine hervorragende Stutenmutter. Jedes Jahr brachte sie gute, oft prämierte Fohlen. Wenn sie vom Melken kam, dann sprang sie mit vollem Geschirr übers Heck zu ihrem Fohlen, das ja während der Melkzeit allein blieb.
Der Bauer schüttelte immer noch den Kopf. Das hier konnte er nicht begreifen. Dann holte er Karre und Forke, lud Nachgeburt und Mist auf und streute den Stall neu und reichlich ein. Noch einmal machte er die Stalltür auf und guckte auf dies Häuflein, das dort im Stroh in der Ecke lag. Ein Holsteiner Fohlen? ... Nein!
Große Ohren ... ein Fell wie ein Esel ...
und soo klein!
Dabei schlichen sich ganz unmerklich Gedanken ein ... sollte auf der Deckstation ... nein, weiter wollte er nicht denken und wehrte diese absurden Gedanken schnell ab.
In der Küche sagte er nur: „Die Stute hat gefohlt." Dann ging er ins Bad. So kannte ich Rudolf überhaupt nicht, ging gleich hin, um beim Pferd nachzuschauen. So kurz die Nachricht, da stimmte doch etwas nicht.
Da stand dies Neugeborene nun, etwas wacklig und wußte noch gar nicht, was es auf dieser Welt sollte. Cerena deutete nur mit einer kleinen Kopfbewegung auf dieses kleine Wesen und war dann wieder voll damit beschäftigt, den Heuhaufen nach den besten Gräsern durchzusuchen. Ich sagte nichts, schloß nachdenklich die Stalltür und ging wieder in die Küche.
Aber wie es von Natur aus so ist, stubste die junge Stute solange mit ihrem Fohlen, bis auch dieser Zwerg die Zitzen erreichen konnte und deshalb am Leben blieb.
Es war gut, daß wir jung waren und gerade eben erst anfangen wollten, uns mit Pferdezucht zu beschäftigen. So kamen noch keine Züchter, die neugierig fragten: „Habt Ihr Euer Fohlen schon?" Als der Nachbar kam

und in den Stall guckte, wie er es gern mal tat, da schüttelte auch er nur den Kopf und machte die Stalltür schnell wieder zu. Dann, als er den Bauern sah, zeigte er nur kurz mit dem Daumen auf die Stalltür und hob fragend die Schultern. Der Bauer machte es ihm als Antwort nach und niemand sagte etwas. – So blieben Stute und Fohlen ganz unter sich, verschont von all den Besuchern, die sonst lobend oder tadelnd die Stalltür immer wieder öffneten und letztendlich mehr Unruhe als Wohlwollen schafften.

Die Stute brauchte nicht viel zu arbeiten und kam bald auf die Hausweide. Ihr Fohlen mit den großen Ohren trottete hinterher. Da war kein Aufpassen notwendig, wie wir es sonst kannten, wenn die Fohlen in immer größeren Kreisen um die Mutter galoppierten, und wir aufpassen mußten, daß Draht und Gräben nicht zu schrecklichen Unfällen führten.

Ein schöner Sommer und viel Gras auf großer Weide taten Stute und Fohlen gut. Ja, dieses war im Herbst fast ein normal großes halbjähriges Fohlen geworden. Die Mutterstute war wieder tragend und so mußten die beiden nun auch bald getrennt werden.

Die Trennung und dieser Winter waren grauenvoll für dies seltene Fohlen. Es war nicht nur Heimweh nach der Mutter, wenn es anhaltend wieherte oder stundenlang teilnahmslos in der Ecke stand. – Es hatte Hunger und fraß nicht. – Wenn wir Glück hatten, dann nahm es mal ein paar Schluck angewärmte Fohlenmilch, steckte auch den Kopf mal ins Kraftfutter oder Heu. Doch es fraß nicht. – Vielleicht muß es erstmal richtig Hunger haben, so hofften wir. Aber nein, es wurde nach Tagen nicht anders. Das Fohlen verfiel uns unter den Händen. Das stumpfe, langhaarige Fell fiel aus und hinterließ offene Stellen. Ungeziefer war kaum abzuhalten, und die Behandlung des Tierarztes bewirkte wenig. „Stellt das Fohlen nur weit weg", rieten Pferdekenner, „wenn Käufer diesen Typ sehen, werdet Ihr nie ein Pferd verkaufen können!" Wir waren ratlos. Dann versuchte ich es mit gekochtem Haferschleim. Das Fohlen leckte den Schleim aus dem Trog auf, dem wir nach und nach immer mehr Kraftfutter untermischten. Nun wirkten auch die Medikamente und so konnten wir das Fohlen über den Winter bringen.

Der zweite Sommer mit langem Gras auf der Weide tat Wunder. Das Fohlen bekam nun ein schwarzes, langhaariges, ganz weiches Fell. Und weil es so kuschelig war und so aussah wie Oma's Plüschkissen, wurde das Fohlen oftmals lieb gestreichelt. Vom Temperament her hatte es sich noch nicht verändert. Es schlug nicht, es biß nicht, stand meistens an der Scheunenwand in der Sonne und ließ sich nur schwer fortbewegen. Es bekam nun auch einen richtigen Namen und hieß damit – – – Funny – – –. Bis zum Herbst wuchs Funny tüchtig weiter, bekam stärkere Knochen und gesellte sich auch schon mal zu den anderen Pferden. So überstand das Fohlen den zweiten Winter entschieden besser.

Dann kam der dritte Weidesommer. Funny wurde nun ein normales knochiges Pferd, doch fehlte ihr noch jede Ausstrahlung. Sie trabte und galoppierte mit den anderen Pferden um die Weide, und zu unserem Erstaunen, sprang sie übermütig über die Entwässerungsgräben, vor denen die meisten Pferde scheuten.

Funny kannte genau ihren Futtermeister. Wenn Rudolf's Auto auf dem Hofplatz erschien, stand sie schnell am Heck und polterte dagegen, bis es endlich geöffnet wurde. – Eines Tages, – es wurde noch ausgemistet und Futter verteilt, – stand sie auf der Diele. „Ja, segg, wat is denn mit di?" Hat jemand schon das Heck aufgemacht? Ein Blick nach draußen – nein. Sollte der Zaun irgendwo kaputt sein? So dachte Rudolf, nahm ein bißchen Hafer in die Schüssel und lockte Funny damit in ihre Box. Das war die einzige Möglichkeit, sie handlich zu machen, denn sie hatte bis dahin noch keinen Halfter und keine Longe gesehen. Der Zaun war heil. Am nächsten Tag stand sie wieder in der Diele und am 3. Tag auch. Da haben wir aufgepaßt und sahen, daß sie fast aus dem Stand über das Heck sprang.

Nun begann für uns eine aufregende Zeit. Immer und überall, wenn es der Funny gefiel, sprang sie über die Gatter, durchsuchte alle Räume mit offenen Türen, spazierte über den Hofplatz und verschonte auch den Garten nicht, wenn wir den Ausbruch nicht zeitig bemerkten. Nur in ihrer Box war sie noch zu halten. Inzwischen war es Herbst geworden und früh dunkel. Wenn ich dann die Stuten mit den Fohlen reinholen wollte, war Funny bereits in deren Box. Dann mußte sie wieder mit der Haferschüssel in ihren Stall gelockt werden. – Im späten November hatten wir Besuch, der wie üblich nach dem Kaffee mal durch die Ställe ging. Da passierte es: Funny hatte sich über diesen ungewöhnlichen Besuch wohl erschrocken und sprang in einem Satz aus dem Stand über die Boxenbrüstung, dann über einen 1 Meter breiten Gang, wieder über die 2. Boxenwand in einen nur 2 Meter breiten Stall. – Stille! – Der Schock bei den Männern und dem Pferd war gleich groß!

Damit war unser Zutun für Funny nun erschöpft. Wir gaben sie in einen Reitstall zum Anlernen und zum Testen. – Mir war dabei ein bißchen mulmig zumute. Wie würde sie sich in der Enge benehmen? Könnte sie ihre Box vielleicht kurz und klein schlagen? Wenn das Telefon klingelte, fürchtete ich in Gedanken schon einen Anruf wie: Holen sie ihren Springer wieder, den können wir hier nicht halten. – Aber nichts geschah! Nach 10 Tagen waren wir neugierig und fuhren mal hin. Ungesehen gingen wir hinten in den Stall, um nicht gleich mit Funny's Schandtaten empfangen zu werden. Aber nein! Unsere Spannung löste sich in einem herzhaften Lachen! Da stand unsere Funny mitten auf der Stallgasse, umringt von mindestens 3–4 Kindern, die ihrem langen Fell mit Staubsauger und Putzzeug zu Leibe rückten.

„Ja, ja, wir haben noch ein bißchen Arbeit mit ihr", sagte der Reitlehrer, „aber das wird schon werden." Dann erzählte er uns, daß bei Funny das uralte Erbteil der Araber durchgeschlagen sei, das sich an dem zu kurz geratenem Unterkiefer zeige. Deshalb könne sie schlecht kurzes Gras oder Heu abbeißen und müsse futtermäßig etwas extra versorgt werden. – Uns ging ein Licht auf, deshalb war sie uns als Absatzfohlen fast verhungert! –

Der Reitlehrer kaufte die Funny. Ihr Springtalent war wirklich angeboren. Schon bald kam sie in einen größeren Reitstall nach Hamburg. Von dort hörten wir nochmal von ihr. Sie war nun schneeweiß geworden und stahl den alten Favoriten die Schau als S-Siegerin beim Turnier in Bad Segeberg. – Da Funny aber in der Haltung zu kompliziert war, erreichte sie die Ansprüche der Weltelite nicht. Sie wurde selbst kein berühmtes Pferd, wie andere aus ihrem Stamm. Ein Reitstall in Berlin führte sie noch zu einigen weiteren Siegen, danach wurde sie als Zuchtstute nach Finnland verkauft.

Ja, nun wüßte ich natürlich gern was aus ihr und ihren Nachkommen geworden ist.

Fazit: De ruugsten Fahlen ward de glattsten Peer.

Es sagt das Pferd:
Bargop slaa mi ni,
bargdol jogg mi ni,
up'n eben Weg schoon mi ni,
an de Krüff verget mi ni

Unsere Lotte

Maren Ohlsen-Kunze

Wenn ich von unserer Lotte erzähle, dann, weil kein Mensch im ganzen Dorf so ein Pferd hatte, nein, so ein Pferd gab es in ganz St. Annen nicht.

Als Vater und Mutter heirateten, hatten mein Großvater und mein Vater noch kein Pferd auf dem Hof. Sie hatten wirklich viel, aber die Ernte wurde mit Nachbars Pferden eingefahren. Ein eigenes Pferd kam erst ins Haus, als Vater und Mutter heirateten. Also, mein Vater bekam nicht nur eine Frau, sondern auch ein Pferd aus dem Stall seines Schwiegervaters, Opa Jochimsen.

Meine Mutter stammt aus Stapelholm, somit bekam mein Vater nicht nur eine Frau, die kein Dithmarscher Platt konnte, sondern auch ein Pferd, das keine Dithmarscher „Draff" konnte.

Mein Großvater hatte im Schleswigschen ein Kiesgruben- und Fuhrunternehmen, und als es noch keine Trecker und keine Lastwagen gab, wurden die Aufträge mit Pferd und Wagen ausgeführt. Damals, das Unternehmen wurde 1922 gegründet, hatten er und mein Urgroßvater immer zirca ein Dutzend Pferde auf dem Hof. Eins dieser Pferde kam nun auf den Hof meines Vaters.

Wer meinen Vater kennt, der weiß, er war und ist die Ruhe in Person, jedenfalls meistens. Das Pferd aber kam „von der anderen Seite", ein ganz anderes Blut: dünner, heißer und schneller! Es kam wie es kommen müßte, der Gaul war für ihn zu temperamentvoll, er ist glattweg, ob mit Mist- oder Heuwagen durchgebrannt! Das Pferd war das reinste Feuer; meine Mutter hat sich angepaßt, das Pferd nicht!

Es blieb meinem Vater nichts anderes übrig, als es zu verkaufen. Bei Pferden ist das möglich. Danach kam „unsere Lotte" auf den Hof.

Lotte war ein langsames Tier, jedenfalls wenn sie arbeiten oder vor dem Wagen laufen sollte. In aller Ruhe lief sie zweimal in der Woche mit ihrem Wagen und der Fracht hin und her nach Lunden, dem nächst größerem Ort, um alles einzukaufen, was auf dem Hof benötigt wurde. Auf eine Stunde kam es dabei nicht an. Es dauerte eben einen halben Tag, das war eingeplant. Dabei durchfuhren wir noch die unbelastete Natur der Feldmark, der Moore und der freilebenden Tierwelt, die heute kaum noch irgendwo so zu erleben ist. War das herrlich, auf der Rücktour hinten auf den Schrot- oder Düngersäcken zu sitzen, die Kirschsteine auf den Weg zu spucken und

Frösche oder Vögel zu beobachten. Kein Autolärm und keine Abgasluft vermiesten die Stimmung.

Unsere Lotte war eigentlich gar nicht so faul. Wenn sie frei auf der Koppel toben konnte, drehte sie sich flink und wendig, kam Vater aber mit dem Pferdegeschirr, verkrümelte sie sich sofort. Es war nur mit einem Stück Brot möglich, sie einzufangen.

Während der Kartoffelernte, weit vom Hof entfernt, hatte sie sich auf der angrenzenden Weide laben können. Dann aber hieß es, sie wieder vor den Wagen zu spannen. Meine Eltern aber hatten kein trockenes Stück Brot dabei. Was nun? So gut es ging wurde das Leberwurstbrot abgeleckt und ihr unter die Nase gehalten. Lotte biß gierig hinein und war gefaßt. Pferde sind keine Allesfresser. Die hauchdünne Schicht Leberwurst und Butter brachten sie derart zum Spucken, daß wir es bis heute nicht vergessen haben. – Brrrr –, mag sie gedacht haben, – wie können die Menschen mir so etwas nur antun. –

Kam ich auf die Weide, noch winzig klein, wußte Lotte, Arbeit ist nicht angesagt, die will nur spielen. Mutter sah das gar nicht gern, aber die gewaltige Schleswigerin ging immer ganz sanft und vorsichtig mit mir um. Der konnte ich zwischen den Beinen hindurchlaufen.

Lotte war Hauptbestandteil unseres Hofes und hat immer treue Dienste geleistet. Als aber die Technik einkehrte, damals in den 60er Jahren, hat sich dessen keiner erinnert. Plötzlich war das treue Pferd verschwunden und die Pferdestärken standen im Schuppen. – Und immer noch sind Tiere einfach nur eine „Sache". –

Pferdekauf:
„Ich sehe einem Pferde immer zuerst ins Auge", sagte schon Fritz Tiedemann von seinem unvergessenen „Meteor".

De Mann op'n Peerd,
de Fru an'n Herd.

Twee Dickköpp

Klaus und Käthe Kröger, Neustadt

De Kaatenbuur Otto Wulf harr een grooten strammen Wallach. Trecken kunn de Bursch man eenmal. Datt heet, so richtig eenig sünd de Beiden, Ott un sien Wallach, sick in de ganzen Johrn, wo se hart un suur tosam arbeid hebbt, nie west. Wenn datt bi Ott flink gahn schull, harr sien Peter, so heet de Wallach, barg Tied. Nix kunn em ut de Ruh bringen. Ümgekehrt, wenn Ott Tied harr un sick mal vun de Arbeit verpussen wull, oder mal een lütten Klöönsnack maaken wull, denn harr sien Peter wedder keen Tied.

So arbeiden se ümmer gegeneenanner op. Wenn de Beiden op de Koppel an't arbeiden weern, kunn man datt öber de ganze Feldmark hörn. So gröhl un schimpt Ott mit sien Peter rüm. Denn Wallach kümmer datt aber nich. „So alleen vör denn Ploog!" dacht Peter, „keen beeten Ünnerholung un nix, datt is mi doch to langwielig!" Ut Schabernack arger he denn sien Buurn. He wüß datt ganz genau, datt Ott nich tohaun döh, opwohl he ümmer vun Rippeninhaun un Dootslagen grööln döh. För een, de Ott nich kennen döh, weer datt meist grulig antohöhrn. Se lebt aber all de Ott dootslagen hett! He kreeg datt nichmal trecht een Muus, de sick in de Hackelsslaad fungen harr doottoslagen. Ott harr eben een to week Hart. Datt wüß de Wallach. Dorüm leet he Ott uck ruhig krakeeln un schimpen. He möök sien Arbeit as em datt passen döh. Öber hunnertmal harr he all „Fuhle un dumme Krack!" grööln un schimpen höhrt. Aber Ott kunn em uck in de Beziehung de Ehr nich neem. Peter harr een dick Fell.

Eenmal, as Ott utspannen döh, klopp he Peter doch mal so recht kameradschaftli denn Hals. Denn seggt he: „Büst doch een klooken Burschen, Peter!" Noch hüüt grient de Beiden, wenn se doran trüchdenken doot. Ott harr domals Kohrn afflewert. As se nu mit denn leerigen Wagen ut de Stadt rutföhren, hüllt Fieken Lent, de Sluderolsch, ehr an. Se wull mitföhren, se weer je uck ut datt sülbe Dörp. „Datt feelt mi grad", dacht Ott, „de ulle Sausterkeek mit op denn Wagen, de kann je de Koh datt Kalv affragen! „Tööv man, kümmt Tied kümmt Rat!", dacht de Wallach. Intwischen keem Fieken all an denn Wagen ran. Ott seggt to ehr: „Wenn di datt nich to unbequeem is, Fieken, denn kumm man ropp. Ick heff mien Sittbrett vergeeten dorüm mütt wi nu opp de Fleeken sitten!" He hölpt ehr denn uck op denn Wagen ropp. „Erst denn Wagen vull Kohrn, un nu datt olle Wief uck noch mit nah Huus sleepen", dacht de Wallach. Dit paßt emm ganz un goornich.

As he aber sehn döh, datt Fieken sick mit ehrn breeden Achtersen op de Spannkett sett harr de de Fleeken tosamen höllt, kreeg he datt Grien. He tööft nich eerst aff bett Ott, „hüh Peter!" seggen döh. Nee, mit een olligen Ruck tröck he an. Fieken verlöör datt Gliekgewicht. De Been piel in de Luft, datt ehr de Röck doorbi in de Luft flöögen, se slöög achter öber. Ott kreeg Ostern un Pingsten an'n een Dagg to sehn, he lacht luut los, un uck de Wallach pruust loos un vergnögt draarvt he op. Fieken aber bleev glieks opp denn Ünnerborn sitten. Snackt hett se op de ganze Tuur keen viev Wöör mehr. „Se scheniert sick", dacht Ott un grien. Datt harr sien Peter doch recht fein trecht kreegen.

Een'n Harvst kreeg he sick mit sien Peter bannig in de Wull. De beiden wehrn an't Rööbenfohrn. Datt weer uck sun richtiges Harvstweeder. Natt un schietkoolt. Ott knackt denn Wagen bett baben vull. As datt nu nah Huus gahn schull, rögt Peter sick nich vun'n Placken. „Man to du fuules Luder, nu treck man, ick heff mi warm arbeit, nu büst du an!" Peter aber bleef stahn un rippt un röögt sick nich. He beet ganz höflich, he schimpt un toovt. „Ick will di watt lachen", dacht de Wallach, „schimp du man to! Du wullt mi wull mit Gewalt ümm de Eck hölpen. Du büst wull bang datt di de Katt denn Wegg opfreeten deit!" Datt he denn Wagen trecken kunn, datt wies he Ott. Flott un slangweg göh heh tein Schreet, dann bleev he eenfach wedder stahn. He puust nich mal. Nu luur de Wallach, Ott schull anfangen denn Wagen wedder halv afftoladen. Doran dacht Ott överhaupt nich. Peter harr jo bewiest datt he denn Wagen vull Röben trecken kunn. Ott versöcht datt eenmal in'n Gooden un'n Bösen. Datt hölp nicks, Peter bleev stahn. „Du Dickkopp", un Ott wehr ganz weer un dacht sick, di krieg ick faat. He harr een'n feinen Gedanken. De Infall wehr nich slecht. Ott bünn denn Wallach denn Kopp hoch, datt he nich mit datt Muul an de Eer kaamen kunn. Ahn sick wieder üm sien Peter to kommern, nöhm he sien Fork op denn Puckel un güng ganz vergnögt nah Huus. De Buur fleit vergnögt vör sick hin. „Ick will denn watt anners", seggt he bi sick sülben. „Wenn he nich mit nah Huus will, blift he eben stahn, un wenn he dohr dree Daag steit!" An datt Poorlock vun de Koppel kickt he sick nochmal üm un winkt sien Peter to.

„Watt fallt denn nu denn Buurn in? – – – ach, he will wull Vörspann hahln?" denk Peter. He luur un luur, de Buur keem nich wedder. Datt wöhr em langsam to lang, datt wöhr uck all düster. De Abensbrotskost wehr uck all lang vörbi. Peter harr den bannigen Hunger, „datt de oll verdreite Kirl mi uck denn Kopp hochbunnen hett, sünst harr ick mi ja an de Röben sattfreeten kunnt", so arger sick nu Peter. Vun Nordwesten keem datt nu so uck schändlig natt un ieskoolt röber.

As Ott sien Fruu de Saak vertellt harr, harr se doch eer Bedenken. „He brickt denn Wagen zwei, Ott, un denn, denn hest du gornix! Wi hebbt so all keen Geld!" so gnarr se noch achteran. „Datt mutt dohr op aff", seggt Ott. In Würklichkeit döh emm de Wallach, de dor nu Mutterseelenalleen in de Feldmark vör denn vullen Röbenwagen stöh, je uck sun beeten leed. He leet sick datt aber nich anmarken. „He hett een dicken Kopp, mien is aber noch dicker, un letzten End bünn ick de Herr! Ick heff datt Bestimmen, versteist du mi?" Sien Fruu höll datt nu för richtiger, wenn se stillsweeg. As de beiden eben bi de Abendskost sitten doot, pulter dohr een Wagen op de Hoffstell ropp. „Watt seggst du nu, datt is jemand denn du uck ganz goot kennst, aber nich so goot as ick emm kenn!" so seggt de Buur to sien Fruu. „Ja, Mann, bloos dien Dickkopp, denn kennt keen Minsch beeter as ick", datt weer de Antwurt vun sien Fruu. „Wer mach datt weesen?" fragt se ganz nieschielig. „Wenn du denn meenst de dohr eben op denn Hoff ropföhrt is, künnt wi je mal sahsehn", seggt Ott. Nu güngen de beiden ruut. „Hest du uck een Drinkgeld bi di?" frög de Fruu. „Ne, datt bruuk ick nich, weer de Antwurt.

„Süh an", seggt Ott. Vör de Deeldöör stünn Peter mit sien Wogen vull Röben, ganz alleen! „Na Peter, büß wull all hungrig vorrn?" grien Ott. Ott spann nu sien Peter flink ut un bröch emm in denn Stall. „Egentli wull ick di je nu uck keen Futter mehr geben, denn wer nich kümmt to rechte Tied, denn geit de Mahltied quitt! Wi wüllt datt man nochmal goot sien laaten, watt Peter?" so seggt he to sien gooden Fründ un göh nah de Hackelskist. – – –

Dittmal weer he doch snutiger as ick, dacht sick de Wallach. Man dörf een beeten dickköppig sien, man schall datt aber nich öberdrieben, sünst kann datt ganz licht mal anners utloopen, as man sick datt utdacht hett.

He sitt op hoge Peerd

He arbeit as'n Peerd

Dee Plööger

Still, – watt singt dor denn achtern Knick?
Hör, – watt een Stimm, de Kram hett Schick!
„Wer recht in Freuden wandern will",
so singt de Plööger lang de Koppel
un plöögt dorbi de Weetenkoppel.

Denn drückt keen Sorgen, denn geit goot!
Watt? – watt is dat? Dat is Jan Kloot?
Oh Kind, grad Kloot sitt deep in Not,
sien Fruu swor krank, een Kind bleev dot.
Allns schuff de Mann alleen torecht,
ahn Rast un Ruh, ahn Kööksch un Knecht.
He is eenfach gor nich ümtobringen!
Nu hör doch blos, watt kann he singen
wenn he nu trüch kümmt, gaht mal
blang an bi em de Koppel daal!
He kümmt, „moin, moin, mien leewe Kloot,
all so vergnöögt, geit denn so goot?"

„Moin, Pürr!" He tögelt nu de Peer,
denn keek he prövend lang de Föör
un seggt: „Se meen mi geit dat good?
Gewiß, ick heff hier gooden Moot!
Hier op mien Land, achter denn Ploog,
hett mi de Herrgott scharp int Oog!

Mien Kark is hier dat wiede Land!
Hier gebt wi beiden uns de Hand!
He givt mi Moot un Seelenfreeden,
mien Arbeit is een hillig Beeden.
Mien Leeder sing ick em to Ehr!
So, nu man to, hü, los, mien Peer!"
Jan föhr nu an een niege Föör;
still sünd wi gahn, ick wüß keen Wöör.

Lotte

Inge Rahn

In den Kriegsjahren 1943/44 wurden Kiel und Umgebung mit Bombentep-
pichen übersät. Mein Elternhaus befand sich in Preetz, schon einige Kilometer außerhalb der Hauptgefahrenzone. Dagegen lebten meine Verwandten im stark gefährdeten Heikendorf und Möltenort. Schuld waren die
Werftanlagen im Kieler Hafen, den Flakanlagen auf Korügen, sowie die
Munitionsanlage auf dem Jägersberg. Alle hier hatten Angst wie jeder andere auch, daß irgendwann die Bomben ihr Hab und Gut vernichteten.

Eines Tages kam meine Familie auf eine sehr gute Idee. Wir teilen unseren Haushalt auf. Die Heikendorfer sollten ihre Sachen nach Preetz bringen und umgekehrt. Falls dann die vielen Bomben irgendwann in Heikendorf einschlugen und alles vernichten, wäre wenigstens etwas in Preetz gerettet, da war es nicht so gefährlich.

Alles ging sehr schnell, nur das leidige Transportproblem.

Eigene Lastwagen gab es nicht mehr, die waren konfisziert worden. Nun
war guter Rat teuer. Mit Geld konnte man zu der Zeit nicht viel erreichen,
das hatten alle und konnten es nicht ausgeben. Irgendwie mit allerlei
Tauschgeschäften schaffte es mein Großvater, Pferd und Wagen zu besorgen.

Eines Tages standen Lotte, eine Schimmelstute und Opa in Heikendorf
vor der Tür und das Beladen begann. Viel, sehr viel mußte verstaut werden,
Lotte sollte noch sehr hart arbeiten in diesen Tagen. Über Nacht wurde das
Pferd ausgespannt, bekam Heu, Stroh und Wasser. Am nächsten Morgen
ging es dann frisch gestärkt auf die gut 25 km lange Tour nach Preetz. An
diesem Tag wurde der normal einfachste Weg über Kitzeberg, Mönkeberg,
Schönkirchen nach Preetz genommen. Leider hatten wir nicht mit den
Bomben und den verheerenden Folgen gerechnet.

Wir fuhren also am frühen Morgen los. Meine Freude war riesengroß.
Ich durfte Lottes Leinen auch mal halten. Sie war so ehrlich und geduldig
und sie zog treu den so schwer beladenen Wagen hinter sich her. Wenn der
Berg zu steil war, stiegen wir ab und schoben hinten nach. Plötzlich hörten
wir ein schon bekanntes Pfeifen. Opa schrie: „Deckung." Wir liefen unter
irgendeinen Schutz. Lotte stand wie festgenagelt in ihrem Wagen. Wir hörten die Bombeneinschläge. Als es wieder ruhiger wurde, ging die Fahrt weiter. Nur die Straße in Mönkeberg war nicht mehr da. Sie war eine Mond-

landschaft. Hier begannen die Strapazen für Lotte. Sie mußte über Berge von Geröll mit dem schweren Wagen. Es ging oft über ihre Kräfte. Sie legte sich so ins Geschirr, daß sie fast auf dem Bauch kroch, aber sie gab nicht auf. Tapfer zog sie unseren Wagen weiter. Immer wieder fielen Bomben und wir mittendrin. Irgendwie hatten wir das Gefühl, Lotte ging instinktiv die Wege, auf denen die Bomben nicht fielen. In den kurzen Pausen, die wir einlegten, wurde Lotte ausgespannt und zum Trinken und Grasfressen geführt. Ich hatte dann Gelegenheit, mich etwas mehr mit ihr zu beschäftigen. Und gerade jetzt, wo ich hier sitze und diese Geschichte schreibe, sehe ich wieder ihr Gesicht vor mir. Diese treuen Augen, ich hatte das Gefühl, als wäre ich bei ihr geborgen. Ich vergaß die Gefahren um uns herum. Ich verlor meine riesengroße Angst und dachte nicht mehr an das Geschehen. Es war so schön, mich an diese treue Stute zu lehnen, ihre Wärme zu spüren und die Ruhe, die sie ausstrahlte in mir aufzunehmen. Doch alles geht zu Ende. Wir mußten weiter. Spät am Abend erreichten wir Preetz. Die erste Etappe war erreicht. Hektik brach bei meinen Angehörigen aus. Opa spannte Lotte aus, brachte sie in einen kleinen Schuppen im Garten. Wir Kinder mußten Gras, Löwenzahn, Wurzeln und Stroh holen. Opa sorgte für Wasser und und meine Eltern luden die Möbel ab.

Als alles erledigt war, dachten auch wir daran, daß wir Hunger hatten. Ich rannte alle Augenblicke zum Schuppen, um zu sehen wie es Lotte ging. Ich hatte sie in mein kleines Herz geschlossen. Nach einiger Zeit legte Lotte sich schlafen und mein Bett rief auch.

Ganz früh am nächsten Morgen ging die Hektik wieder los. Der Wagen wurde beladen. Lotte in der Zwischenzeit verpflegt. Gegen 6 Uhr wurde sie wieder eingespannt und der Rückweg nach Heikendorf begann. Ich bin noch schnell heimlich in unseren Gemüsegarten gerannt, um für meine Lotte Wurzeln zu klauen. Diese Aktion endete zwar mit einem Jackvoll, denn es gab zu der Zeit nicht viel zu essen und Mutti hielt ihren Gemüseanbau für uns alle als lebenswichtig. Nun gut, ich hatte meine Strafe, aber auch die Wurzeln für Lotte. Unser Rückweg war noch schlimmer als die Herfahrt. Der Bombenregen wurde größer, der Weg durch vernichtete Straßen bedeutend länger. Irgendwann wurde es zu dunkel und wir mußten einen Platz zum Übernachten suchen. Opa glaubte, in einer Feldscheune alles was wir brauchten, gefunden zu haben. Doch er hatte die Rechnung ohne Lotte gemacht. Ich weiß noch, als wäre es heute, was er für Anstrengungen machte, um Lotte auf den Weg zur Scheune zu bringen. Schläge, gute Worte und ziehen. Nichts konnte Lotte dahin bringen. Wir fuhren weiter und baten einen Bauer, dort zu übernachten. Es war eine schlimme Nacht. Keiner bekam Schlaf. Alles war auf den Beinen, um die vielen Brandbomben zu löschen. Am nächsten Tag sahen wir dann, was da alles angerichtet war. Am schlimmsten traf uns der Anblick der verbrannten Feldscheune. Opa nahm mich fest in die Arme und er holte meine geklauten Wurzeln. Wir gingen zu Lotte. Opa gab ihr die Wurzeln, streichelte sie und sagte kein Wort. Ihm war die Kehle wie zugeschnürt. Er drückte die Stute und mich ganz fest, dann ging es weiter. Gegen Mittag kamen wir bei Oma an. Alles wurde abgeladen. Lotte bekam noch einmal reichlich Wurzeln, Heu und Wasser. Gegen Abend mußte sie wieder zurückgebracht werden. Ich durfte selbstverständlich mitfahren. Fröhlich und auch sehr dankbar kamen wir in Schrevenborn an. Hier war irgendwas nicht in Ordnung. Opa wurde unruhig. Die Besitzer von Lotte standen wie angewurzelt auf dem Hof. In ihren Gesichtern das blanke Entsetzen. Bevor nur einer was sagen konnte, kamen Soldaten ums Haus mit einem Gewehr. Ich schrie vor Angst und verkroch mich bei Opa und Lotte.

Sie kamen auf uns zu. Sie spannten Lotte aus. Opa fragte, was das alles soll. Sie sagten mit kalter Stimme: „Wir brauchen Fleisch!" Opa versuchte die Männer davon abzuhalten. Er versuchte ihnen zu erklären, daß Lotte uns das Leben in der Nacht zuvor gerettet hätte. Er bot ihnen an seine Hühner und die Gänse gegen Lotte einzutauschen. Nichts, aber gar nichts konnte sie von ihrem Vorhaben abbringen.

Ich rannte zu Lotte und hing an ihrem Hals. Ich weiß es noch heute. In mir tat alles weh. Hier lernte ich den Schmerz im Herzen und in der Seele kennen. Auch ich kleines Kind flehte die Männer an. Es half nicht. Ich stand neben Lotte. Sie schrubbelte ihren Kopf an mir. Ich weinte und Lotte sah mich an.

Diese Augen sehe ich jetzt wieder vor mir. Erst jetzt weiß ich, mit soviel Liebe und Ergebenheit fügte sich Lotte wohl in ihr Schicksal. Dann ging alles sehr schnell. Opa drückte mich fest an sich. Ein Schuß ging los, Lotte fiel um, sie war tot, einfach erschossen.

Lange Zeit habe ich dieses Erlebnis nicht vergessen. Ich bin davon überzeugt, daß dieses Pferd mir viel mit auf den Weg ins Leben gegeben hat. Ich befasse mich auch sehr viel mit diesen herrlichen Tieren. Ich male sie und ich schreibe über sie.

Danke, liebe Lotte, wir leben noch, weil Du damals die Gefahr gespürt hast und als Dank mußten wir mit ansehen, wie einfach Leute kamen und dich erschossen, um selbst zu überleben.

Heinrich und sein Bäckerkutscher

Inge Rahn

Es war für mich die schönste Zeit, wenn ich bei Oma und Opa zu Besuch sein durfte. Da spielte es keine Rolle, daß es Krieg war und wir oft in den Keller mußten. Es war so schön, mit Opa an der Straßenpforte zu stehen. Wir waren nicht neugierig, nein. Wir mußten nur sehen; was und wer da auf der Straße war. Diese Straße war lang, mit Linden an beiden Seiten und einem Bürgersteig.

Am interessantesten waren die Tage, an denen der Milchmann und der Bäcker mit ihren Pferdewagen kamen. Der Bäckerfahrer war noch am aufregensten. Er hatte die Angewohnheit, bei jedem Kunden einen Köm zu trinken. „Das habe ich mir verdient, ich bin immer zwischen den Bomben durch und da muß es für mich und Heinrich schon einen geben." Nur er trank auch Heinrichs Köm. Seine Tagestour war lang. Bei uns war Heinrich noch sehr gelassen. Es war der Anfang. Später ging Heinrich immer mehr nach seinem Kopf und er kannte seine Tour genau. Immer öfter kam es dann soweit, daß der Bäcker keine Zeit mehr hatte, weil Heinrich meinte, er hat genug und zog einfach weiter zum nächsten Kunden. Irgendwann war die Tour zu Ende und der Bäcker konnte nicht mehr auf den Beinen stehen. Heinrich machte sich dann alleine auf den Rückweg. Der Kutscher saß und schlief, oder er sang aus voller Kehle. Wir warteten schon gespannt auf Heinrich und seinen Bäcker. Sogar die damalige SS versuchte dieses Gespann anzuhalten, weil der Bäcker Lieder sang, die streng verboten waren. Sie hatten aber nicht mit dem treuen Heinrich gerechnet. Er blieb zwar erstmal stehen. Doch als er merkte, es ging den Bäcker an den Kragen, gab der alte und sonst so ruhige Heinrich Fersengeld. Er kannte sich auch alleine im Dorf gut aus! Für den Bäcker hieß es festhalten und der Dinge ihren Lauf lassen. Bäcker und restliche Ware wurden gut durchgeschüttelt. Der schlaue Heinrich schaffte es spielend, die Verfolger abzuhängen. Irgendwann trafen Heinrich und die Verfolger am Stall wieder zusammen. Sie suchten den Kutscher. Er war weg. Der schlaue Heinrich ist in der Misthaufenkurve zu schnell gewesen und der Bäcker wurde abgeladen! „Das Pferd ist doch nicht alleine die 3 km gelaufen", meinten die Verfolger. „Doch", sagte der Bäckermeister, „wissen sie denn nicht, daß ich einen Selbstbedienungsladen auf vier Rädern habe und Heinrich macht das schon. Der kennt jeden Kunden genau!" Na ja, die haben ganz schön

49

dumm geguckt. Irgendwann kam dann auch der stinkende Bäckerkutscher auf den Hof. Heinrich roch ihn schon von Weitem und nahm lieber reißaus.

Bis lange nach dem Krieg fuhr dieses Gespann noch an uns vorbei. Später war Heinrich für mich das erste Pferd, das ich kannte, das, wie es hieß, in Rente geht. Er bekam sein Gnadenbrot und sein Lieblingsgetränk wurde in seinen alten Jahren Malzbier. Wenn es richtig ist, was man sich erzählte, hat der alte Bäckerkutscher sich bis zu seinem Tode um seinen Heinrich gekümmert. Sie waren ein Herz und eine Seele. Irgendwann ist dann Heinrich auch nicht mehr dagewesen. Lange Zeit stand ich im Urlaub an der Pforte und irgendwie wartete ich auf diese Beiden. Ich wollte diese Erinnerung an die Kindheit irgendwie wieder haben.

Vielleicht war das für mich schon der Grundstein für den Wunsch, einmal eigene Pferde zu haben. Ich habe sie, und im Hinterstübchen bin ich am Aushecken, was ich meinen Pferden an dummes Zeug beibringen kann.

Und glauben sie mir, liebe Leser, es gibt mehr Pferde als sie denken, die lesen und schreiben können.

Laat di Tied!

Man ümmer sutje, nich so wild!
Wat geist du to, worüm so hild?
Streevst ümmerto nah Goot un Geld,
un süüchst nix vun de schöne Welt!

Kiek di mal üm un gah mal sacht!
Üm di de Welt in vulle Pracht.
Dat Holt, dat Feld, de Knicks, de See,
de Duerweiden bunt vull Veeh.

Hier süühst du Gott in de Natur,
Du löppst vörbi un höllst di stuur
an Goot un Geld un denkst vull Spott:
„Ick heft je allns, wat schert mi Gott!"

Mien leeve Fründ, nem di in acht,
ganz glupsch kümmt mennigmal de Nacht.
Un manch een hett in düstere Stunn,
denn Weg to Gott nich wellerfunn!

Nein, meine Pille freß' ich nicht

Helga Ludwig

Cäsi hat Schmerzen. Der eilends herbeigerufene Tierarzt meint: „Können wir weiter nichts machen, aber die Tabletten werden ihm helfen, 3 pro Tag bitte!"

Vor dem „Zubettbringen" begeben meine Tochter und ich uns in den Auslauf, in dessen Mitte unser 2-Boxen-Pferdestall aus Holz steht.

Cäsi steht hinterm Stall. Es gibt was! Begeistert nimmt er die Tabletten aus der Hand und fängt an zu kauen. Stop! Was ist denn das?! Bäh, Puh, igitt, igitt spuckt er angewidert alles gründlich aus.

Na, ja, war wohl nichts. Ab in die Küche. Zum Abendmenü gibt es heute leckeres Mash mit gekochtem Leinsamen und Weizenkleie usw., geschickt darunter gemischt: 3 klitzekleine Tabletten, die vorher mit dem Mörser gründlich zerbröselt wurden. Und gründlich, gründlich umgerührt.

Aber Cäsi ist nicht doof. Zunächst Begeisterung. Mash!! Nanu, was ist das?!!! Cäsi hört auf zu schlabbern und verzieht das Maul, genau wie jemand, der gerade in mindestens ein Dutzend Zitronen gebissen hat. Da hat mir doch einer was untergejubelt? Ohne mich!!!

Das kennen wir schon. Cäsi ist ganz schön krütsch. Wenn ihm was nicht paßt, selbst wenn es das sonst täglich geliebte Futter ist, – nicht mit ihm.

In solchen Momenten neigt er zur Askese: ich kann auch drauf verzichten! Und steht da, die Lippen fest und kräuselig zusammengekniffen und rührt sein Futter nicht an. Normalerweise reicht eine Änderung des täglichen Menüs aus, um ihn wieder zur Umkehr zu bewegen.

Aber heute nicht. Man hat versucht, ihm was unterzujubeln! „Ja, da müssen wir wohl mit Trick 17 arbeiten", meint meine Tochter lakonisch. Brötchen! Das ist die Losung. Ab zur Tüte mit dem alten Brot. Brötchen rausgesucht. In zwei Hälften gesäbelt, gar nicht so einfach bei dem harten Zeug, und dann auch noch die Tabletten reingepurkst.

Erneute Attacke zu zweit auf Cäsi. Brötchen, nett! Knusper, knusper. Leichte Pause, nachdenklich. Knusper, Knusper. Wir schauen befriedigt zu. Dann – Cäsi hat ausgeknuspert, öffnet lässig die linke Maulspalte – und heraus purzelt eine fabrikneue Tablette.

Am nächsten Tag erwerbe ich trotz der extremen Winterpreise einen gewaltigen Beutel mit leckeren Äpfeln. Also, Apfel halbiert, und in jede

Hälfte tückisch eine klitzekleine halbe Tablette gebohrt. Das muß doch klappen! Wann bitte gibt es mitten im Winter denn leckere Äpfel?

Cäsi findet das auch. Mit Genuß verspeist er die erste Apfelhälfte. Keine Anzeichen des Widerwillens. Er schmatzt und schmatzt. Wir sehen zu. Na dann, wenn es nur ein paar Äpfel sein müssen!

Cäsi hat zu Ende geschmatzt. Er sieht zufrieden aus. Lässig lüpft er die linke Lippenecke und läßt eine lächerliche halbe, klitzekleine Tablette herauskullern. Wir sind frustriert. Dieser Blödmann! Wir wollen doch nur sein bestes! Und er braucht seine Medinzin, dringend sogar!

Ich hole das Stallhalfter und halte seinen Kopf fest nach oben, leicht himmelwärts. Dann schiebe ich eine Tablette in seinen widerstrebend gekräuselten Mundwinkel und brülle ihn an: „Schluck!!!"

Glurpsss, und Cäsi hat geschluckt. Wir sehen uns befriedigt an. Na also, energisch muß man bloß sein! Nochmal dasselbe und wir haben ihm die Medizin erfolgreich verabreicht.

So geht es zu unserer größten Zufriedenheit jetzt jeden Abend. Ich bin energisch, Cäsi schluckt – alles bestens in Ordnung.

Eines Abends stehen die beiden schon in ihrer Box. Routiniert greife ich Cäsi ins Halfter, halte den Kopf leicht hoch, schiebe die Tablette in den Mundwinkel und sage energisch „Schluck".

Im nächsten Moment schwankt Cäsi und kippt gegen mich und wieder zurück. Erschrocken springe ich zur Seite. Cäsi steht mitten ihm Stall und schwankt hin und her. Etwa so, als ginge jemand bei Windstärke 12 über das Deck eines Schiffes mitten auf dem Ozean.

Ich klebe erstarrt und fassungslos an der hinteren Boxenwand und glaube meinen Augen nicht zu trauen. Das Schwanken wird stärker und stärker. Es sieht entsetzlich aus.

Und dann fällt Cäsi krachend auf die rechte Seite. Der Boden dröhnt, die Wände beben – so stelle ich mir das bei den Posaunen von Jericho vor.

Und Cäsi liegt platt mitten in der Box. Zum Glück ist sehr dick eingestreut, er kann sich also nicht verletzt haben.

Meine Tochter guckt durch die Trennwand: „Was ist denn hier los?" „Er ist einfach umgefallen!" würge ich hervor und klebe immer noch, kreidebleich und vor Schreck wie erstarrt an der hinteren Stallwand.

Da hebt Cäsi den Kopf, schüttelt ihn erstaunt und guckt uns verwundert an. Dann stemmt er die Vorderbeine hoch, bleibt kurz so sitzen und sieht immer noch erstaunt aus. Dann bockt er sich behäbig hoch und steht im Stall, als wenn nichts gewesen wäre.

„Mein Gott, was war das bloß. Wir müssen sofort den Tierarzt anrufen!" keuche ich. „Ach was, dem fehlt doch nichts!" meinte meine Tochter. „Der Blödmann wollte seine Pille nicht und hat dabei seine Füße vertüdelt."

Ich bin skeptisch. Aber Cäsi steht auf seinen vier Beinen und stupst mich vergnügt mit der Nase an. Dann macht er sich mit größter Ruhe und einwandfrei gutem Appetit über sein Fressen her.

Ich kann es einfach nicht fassen. Aber es scheint ihm wirklich nichts zu fehlen. Wir machen die Boxen zu und gehen ins Haus. Ich stürze ans Telefon und diskutiere die Angelegenheit mit meinem Bruder. Der sagt ganz klar, an der Pille kann es nicht gelegen haben, eine so schlagartige Reaktion könnte man ja noch nicht einmal mit Strychnin erreichen, und sowas wäre in einer harmlosen Schmerztablette sowieso nicht drin.

Ich gehe an diesem Abend noch dreimal zum Stall und gucke hinein. Die beiden wundern sich, aber Cäsi steht gemütlich und offensichtlich ganz gesund da und frißt Stroh. In dieser Nacht schlafe ich nicht sehr gut, träume den unmöglichsten Unsinn und wache völlig zerschlagen auf.

Ich wage kaum, die Boxentür aufzumachen. Aber – alles in bester Ordnung. Ich kriege einen freundlich-vergnügten Stupser und Cäsi fällt über sein Frühstück her.

In den nächsten Tagen gelange ich dann langsam auch zu der Ansicht, daß meinem Pferd offensichtlich doch nichts fehlt und allmählich gerät der Vorfall in Vergessenheit, obwohl mir der Schreck immer noch in den Knochen sitzt. Seine Tabletten bekommt Cäsi immer noch, jeden Abend, und es gibt dabei keinerlei Probleme. Ich bin energisch, Cäsi schluckt, alles in bester Ordnung.

Eines Abends, es ist schon stark dämmerig, stehen die beiden noch im Auslauf, Cäsi direkt vorn neben dem Pförtchen. Ich schnappe ihn mir, und nach bewährter Methode, bekommt er seine Tabletten in den Mundwinkel geschoben. Ich stehe neben ihm und gucke ihn an. Er steht ganz still da und sieht irgendwie muksch aus. Meine Tochter kommt dazu und stellt sich neben mich. Ich öffne den Mund, um ihr etwas zu sagen.

Da – ich bekomme einen Stoß. Das war Cäsi, er steht da und schwankt und ist gegen mich gestoßen. Entsetzt springen wir zurück.

Cäsi steht im Auslauf und schwankt und schwankt wie ein junges Bambusrohr im Wind. Dann macht er schwankend einige unsichere Schritte durch den Auslauf. Da – die Hinterbeine knicken ihm ein, er geht fast zu Boden. Aber im letzten Moment rappelt er sich irgendwie wieder hoch und geht langsam und schwankend weiter.

Es sieht entsetzlich aus. Genau so wie ein tapferes Pferd im Wilden Westen, das nach einem entbehrungsreichen Ritt durch die Sierra Nevada von Desperados angeschossen wird und taumelnd die tapferen letzten Schritte macht, bevor es endgültig zusammenbricht.

Cäsi taumelt schwankend weiter auf den Zaun zu. Da, schon wieder knicken ihm die Hinterbeine ein! Er schwankt noch mehr und wäre unweigerlich umgekippt, wenn ihn nicht der Zaun gestützt hätte!

Das gibt ihm Halt, er reißt seine Hinterbeine wieder hoch, macht tastend einige vorsichtige Schritte und bleibt dann ruhig stehen.

Jetzt ist meine Tochter außer sich: „Um Gottes willen, schnell, wir müssen den Tierarzt anrufen!"

Und jetzt bin ich es, die völlig gelassen bleibt. „Völlig unnötig, das Geld können wir uns sparen! Jetzt weiß ich nämlich, was los ist."

Der liebe Cäsi wollte mich nämlich ganz heimlich beschubsen. Und weil er seine Pillen eben nicht schlucken wollte, hat er ganz einfach die Luft angehalten. Nachdem ich ihm seine Tabletten ins Maul geschoben hatte und ihn mir ansah, wie er so völlig ruhig dastand, war es mir aufgefallen und ich wollte gerade sagen ‚Guck mal‘, als bei Cäsi auch schon die unvermeidliche Reaktion auf sein Verhalten einsetzte.

„Tja, was meinst du wohl, was mit dir passiert, wenn du lange genug die Luft anhältst", meine ich lachend zu meiner Tochter. „Du schwankst und torkelst und dann fällst du eben um!"

Wie schläft euer Pferd – mit oder ohne?

Helga Ludwig

Im letzten Frühjahr war ich gegen Abend noch ausgeritten und erst kurz vor Einbruch der Dunkelheit nach Hause gekommen. Meinen Santos hüllte ich in seine Abschwitzdecke, servierte das beliebte Abendmenü und machte die Boxentüren zu. Dann mußte ich mich sputen, weil um 20.00 Uhr bereits der Reitwegeausschuß in Neumünster tagte. Also, schnell umgezogen, Papiere geschnappt, ab ins Auto und die Autobahn hochgedonnert.

Fünf Minuten vor Mitternacht bin ich wieder zu Hause. Das Deckchen muß noch runter. Also, gleich rein in den Stall. Mein Santos steht noch artig mit seinem Deckchen da.

Mein Schimmel Cäsi in der Box nebenan hat sich schon hingelegt und scheinbar sogar schon tief geschlafen. Verschlafen blinzelt er mit den Augen und versucht, sich an das Licht zu gewöhnen.

Ich gucke ihm durch die Trennwand zu. In seiner schneeweißen Mähne, kurz über dem Widerrist, liegt eine dunkle Kugel. Ein Pferdeapfel! „Ih, du Ferkel", sage ich und knote an Santos' Deckchen herum.

Inzwischen ist Cäsi vollends wach geworden und aufgestanden. Er kommt zur Trennwand und sieht sich den Grund meiner nächtlichen Störung an. Der Apfel hängt noch immer in seiner Mähne.

Bäh, was hat der sich festgebackt. Ich nehme mal ein Stöckchen und schubse ihn runter, wie sieht das denn aus! Bei näherem Hinsehen kommt mir der Pferdeködel doch etwas komisch vor.

Nochmal hingesehen, und nochmal. Ich traue meinen Augen kaum. In der Mähne sitzt seelenruhig eine kugelrunde braune Maus und pennt und läßt sich überhaupt nicht stören!

Cäsi auch nicht – aber mit meiner Ruhe ist es vorbei! Die kann doch nicht einfach so als Schmarotzer an meinem Cäsi hängen, vielleicht beißt sie ihn noch. Ich rase raus, reiße die andere Boxentür auf und der verschlafene Cäsi wandert raus, stellt sich mitten in den Auslauf und wundert sich.

Die Maus sitzt immer noch an der gleichen Stelle und pennt. Ich habe mir einen rumstehenden Eimer Wasser geschnappt und damit Cäsi eins über die Mähne gezogen. Der gerät jetzt vollends aus seiner Nachtruhe und saust um den Stall herum, stellt sich wieder vorn hin und wundert sich noch mehr.

Na, das wird die verdammte Maus doch verscheucht haben! Tatsächlich, sie ist weg, na endlich … Aber was sitzt da jetzt auf seiner Kruppe? ? ? Die verdammte Maus, und pennt weiter.

Krise! ! ! Ich renne zum Haus und schnappe mir den kleinen Unkrautkratzer und rase zurück zum Stall. Cäsi und Maus warten.

Und mit dem Kratzer schippe ich die Mauskugel in hohem Bogen von der Kruppe. Weg ist sie – endlich!

Inzwischen ist es 0.25 Uhr – Geisterstunde. Ab ins Körbchen mit den beiden, Luken zu, Licht aus. Jetzt könnt ihr ja in Ruhe schlafen.

Drinnen werfe ich mich aufatmend aufs Sofa und verpuste erstmal. Sowas aber auch, da habe ich den armen Cäsi aber nochmal gerettet!

Aber ihn schien es doch gar nicht gestört zu haben … Vielleicht kennt er die Maus schon lange …

… Oder war das etwa seine persönliche Kuschelschlafmaus und ich habe sie vertrieben? ? ? ? ?

Winnie, das Monster

Helga Ludwig

Völlig unerwartet erhalte ich im August die Kündigung für meine neben dem Haus gelegene Wiese. Im Oktober muß sich der bei uns untergestellte Norweger Tasso mit 27 Jahren in die ewigen Jagdgründe begeben und mein Santos ist allein.

Unsere neue Wiese liegt 300 m vom Stall entfernt, ein fremdes Pferd wollen wir deshalb nicht unterstellen. Über den Winter bleibt Santos zunächst allein und schlägt sich recht tapfer durch, aber so kann es nicht bleiben.

Also, wir müssen uns ein zweites Pferd zulegen. Ein weiteres Reitpferd brauchen wir nicht, können es gar nicht auslasten. Ein älteres Pony? Dann wird man uns die Türen einrennen, denn alle Kinder hier wollen reiten. Fazit der Überlegungen: ein kleines Fohlen.

Im März fahren meine Tochter und ich nach Ratzeburg und kommen zurück mit einem Winzling im Hänger: 80 cm Stockmaß, dunkelblaue Kulleraugen, schwarzbraunes Fohlen-Winterfell, 9 Monate, Shettyfohlen, direkt von der Mutter.

Santos steht schon an der Pforte. Wir lassen die Rampe herunter und der Zwerg trudelt sofort hurtig heraus und saust direkt zu Santos. Darauf einige kernige Runden um den Stall herum. Dann wird sich intensiv beschnuppert. Santos ist zufrieden. Und der Kleine muß erstmal gründlich seine neue Umgebung besichtigen.

Am nächsten Tag sehe ich aus dem Fenster: Der Zwerg hat den Misthaufen erklettert und steht obendrauf. Nun ist er genau so groß wie Santos (1,60 Stm.), und es wird munter „gekämpft". Seitdem ist mein Misthaufen immer akkurat vierkantig geschichtet.

Meine Umgebung ist entzückt: der Kleine ist ja sooo süß! Ist er wirklich, aber nach einer Woche wird ihm klar: Er ist zwar klein und kann Santos mühelos unter dem Bauch durchrennen, aber – er ist schließlich auch noch Hengst!

Plötzlich steht er auf zwei Beinen vor mir und steckt mir die Vorderhufe in die Jackentaschen. Und fängt an zu beißen. Beispiel: Ich miste aus – ein kleiner schwarzer Schatten guckt um die Stallecke – und, als ich ihm den Rücken zuwende, flitzt er los – ein Schrei – ich habe mit Sicherheit einen weiteren blauen Fleck.

Hengst Winnie ist ebenso wie ich der Meinung, daß Fremde nicht ohne meine Erlaubnis unseren Auslauf zu betreten haben. Aber während ich hier nur rede, übernimmt Winnie die praktische Durchführung der Angelegenheit. Plötzlich bleibt alles zahm auf der anderen Seite des Zaunes. Und als man mir berichtet, wie Winnie den frechsten kleinen Knirps mit einer kernigen Galoppattacke aus dem Auslauf befördert hat, ist mir klar: Winnie redet Klartext!

Auf der Weide: unwahrscheinlich, wie der kleine Zwerg mithalten kann, wenn Santos im mächtigen Galopp seine Kreise zieht.

Santos ist nun alles andere als allein; im Gegenteil, jetzt ist er absolut im Streß. Denn er muß: mit Winnie (Abkürzung von Winnetou!) spielen, ihn erziehen und auf ihn aufpassen. Winnie ist wie alle Kinder voller Tatendrang. In der Folgezeit bin ich damit beschäftigt, diverse Fluchtmöglichkeiten zu verbarrikadieren.

Bei einem gewissen hellen Wiehern von Santos bin ich sofort im Bilde. Sowohl ich wie auch mein Mann und unser Nachbar kommen in den Genuß, mit einem kernigen kleinen Zwerg Rodeo um die neben uns gelegene Kirche mit dem alten Friedhof zu spielen.

Als Winnie eines Tages auf die Nachbarweide gerät und der aufgelöste Onkel Santos mir wieder Alarm signalisiert, schnappt er den Kleinen, kaum daß ich ihn auf die richtige Seite zurückbefördert habe, mit den Zähnen in der Mähne, hebt ihn in die Luft und schüttelt ihn wie einen alten Kartoffelsack tüchtig durch. Zweimal. Winnie hängt schuldbewußt in der Luft und weiß genau, warum.

Meine Nachbarin will sich Mist von mir holen. Sie denkt, die Pferde sind schon auf der Wiese, entfernt die untere Zaunlatte und beginnt mit der Arbeit. Plötzlich kommen die beiden um die Ecke gesaust. Winnie checkt sofort die Sachlage und braust ohne zu zögern unter dem Zaun durch und freut sich wie ein Schneekönig! Und hopst und buckelt wie Rumpelstilzchen auf der riesigen Rasenfläche herum. Zwischendurch wird mal an einem Blümchen geschnuppert, dann geht das Gebuckel weiter.

Das Fohlenfell scheint sehr zu jucken, man sieht Winnie mehr mit den Beinen in der Luft als umgekehrt. Am witzigsten sieht es in der Box aus: ein kleiner schwarzer Punkt im Stroh, vier winzige Trommelstöcke in der Luft. Und erst danach: wie ein Weihnachtsbaum mit Lametta kommt er raus.

Dann müssen wir auf die neue Wiese wechseln. Das bedeutet: Zweimal täglich mit zwei Pferden an der Hand jeweils über 300 m, zum Glück nur an einer kleinen Seitenstraße entlang und über einen großen Bauernhof. Aber Winnie kann (und will) natürlich noch nicht perfekt an der Hand gehen. Er hat ja soviel anderes vor. Ich hätte vor dem Winnie-Training meinen Bizeps messen sollen – ich habe bestimmt solide zugelegt.

Dann entdeckt Winnie den Bock: Er bleibt stehen, und wie! ! ! Als wir soweit sind, mit Winnie-Böckchen alle 10 m stehenzubleiben, wird es Onkel Santos zu dumm: er geht zwei Schritte zurück, nimmt Winnies Wuschelrücken und seine Mähne zwischen die Zähne – und vorne läuft es wie eine Nähmaschine. So bewältigen wir in Teamwork unsere tägliche Strecke.

Mit Santos zusammen ist Winnie ungemein mutig. Kommt ihm doch mal etwas nicht so geheuer vor, löst er das Problem ganz einfach: er flitzt an Santos andere Seite und segelt so in dessen Windschatten an dem Schrecknis vorbei.

Winnie ist ein Juni-Fohlen, er soll deshalb erst ab Ende Mai gelegt werden. Aber da haben wir bereits die große Hitze, und ich in der Folgezeit diverse blaue Flecken, denn auf dem Weg zur Wiese bin ich mit einem Pferd an jeder Hand in meiner Selbstverteidigung doch etwas eingeschränkt.

Aber Ende September kommt dann unser Tierarzt und wir legen den kleinen Winnie auf dem Rasen hinterm Haus „flach". Meine Tochter darf vor, ich hinten assistieren. Und jetzt ist Winnie Wallach. Was sich besonders in bezug auf die Beißerei sehr vorteilhaft bemerkbar macht.

Zum Winter legt er sich einen dicken schwarzen Plüsch zu, die kleinen Beinchen sehen jetzt doppelt so dick aus – eine kugelrunde Plüschkugel. Winnie ist jetzt 1 1|2 Jahre alt und schon 95 cm groß. Er kann (mit Ausnahmen) perfekt neben Santos und mir zur Wiese gehen, schon lange Hüfchen geben und wird besonders gern gestriegelt und gelobt – dann steht er ganz still da und genießt. Und wenn das Futter kommt, ist Winnie stets als erster zur Stelle – er bezieht seine Warteposition hinter dem Pförtchen immer rechtzeitig.

He lügt duller as een Peerd lopen kann

He hett'n Mogen as een Peerd

Mit em kannst Peer stehlen

Lord

Karin Pichner

Es war einmal eine ganz normale Familie Vater, Mutter, ein Sohn und zwei Töchter. Bis Lord, ein New Forest Sproß, das Leben total umkrempelte. Nachdem die Mädels ein Jahr lang Reitunterricht bei Hitze und Kälte im Freien durchgestanden hatten, mußte das Versprechen, „als Lohn für Ausdauer ein Pony", eingelöst werden.

Der alte Schmied des Clubs beriet die Familie, doch die Mädchen verliebten sich in einen kleinen schwarzen Ungebärdigen, der keinen Sattel kannte, noch recht jung war, aber schon recht kräftig. Es war Lord. So richtig Ahnung hatte keiner der Familie. Im Stall tobte der Neuling, ließ keinen heran, schlug aus, quetschte den Schmied ein, er sollte schon zurück zum Vorbesitzer. Die Jüngste wollte ja nun reiten, das Sattelauflegen war ein Kampf und kaum war sie oben, schlug er mit dem Kopf zurück. Es gab eine blutende Nase, gequetschte Zehen vom Vater und Tränen.

Nun wurde ersteinmal longiert, er gewöhnte sich an seine Familie. Jeden Nachmittag zogen alle los, lernten Pferdepflege, Füttern, Stall reinigen. Es dauerte nicht lange da wieherte er sobald die Familie oder einer von ihnen den Stall betrat. Auf der Weide genügte ein Ruf und er kam angaloppiert, sogar des Nachts. Er kannte sogar das blaue Auto und kam zum Gatter um sich eine Leckerei abzuholen. Die Kinder schliefen auf seinem Bauch mit ihm in der Sonne und träumten in die Wolken.

Es wurde aber auch hart trainiert, alle fünf lernten auf ihm reiten. Er wurde immer kräftiger und silbern. Die Mädchen wurden erfolgreich auf Turnieren. Alle genossen es, früh morgens gestriegelt und fröhlich in den Morgen zu fahren. Er wurde ein richtiges Familienmitglied, geknuddelt und geliebt.

Bei einem Geländeritt stürzten Reiterin und Pferd, Lord lag auf der Jüngsten, alle standen wir erstarrt, die Eltern gaben schon alles verloren, da rollt Lord ganz vorsichtig zur Seite, steht auf und stupst mit seinem weichen Maul die Kleine an, sie springt hoch und fällt ihm um den Hals. Die Hand war verstaucht, der Sieg futsch, aber alle liebten Lord nun noch mehr.

Es gab keinen Tag ohne Lord, das ist nun schon zwanzig Jahre her und noch heute hängt sein Zaumzeug an der Wand.

Hans und Max

Olga Witt, Neustadt

Hans und Max, de beiden Peer,
de lewten, as ick Kind noch wär,
up'n lütten Hoff mit söben Käuh.
Se kreigen ehrn Hawer, Häcksel, Heu
und harrn's ok nich so flinke Bein,
wärn s' doch de Stolz vun Unkel Hein.

De Max wär brun, – beten lütt, – beten scheif. –
Doch hei wär ganz besonners leiw.
Käm Hein na sinen Stall herinne,
denn pruschte hei! – Hei mug ok Kinner.
Hei söchte min Tasch, – Dat künn jo sin,
dat hei bi mi ne Wöddel fünn.

Leitperd wär de sture Hans.
Mit em harr Unkel manchen Danz.
Hei höll nich veel vun Minschenwill,
und hei höll nich bi allens still.
Doch Hein verstünn em tautoreden,
und denn würd Hans still und tofreden.

Denn künn man allens mit em maken.
Hei let sick ok vun mi denn straken,
güng brav to 'n Pläugen und to'n Eggen,
to'n Jauchefohrn und Messwagentrecken.
Blos, käm hei ut d' Geschirr denn rut,
denn släug hei noch mol achterut.

Denn let de Bur die Pietsch mol knalln,
und Hans – let en poor Appel falln
und geiht gemütlich an d' Gesüff
und an de vulle Fauderkrüff. –
Min groten Spaß in Ferientieden
wär dat: Up lütten Max to rieden.

Twors güng dat blos den Hoff entlang,
und dat in 'n Schritt! – Na, Gott sei Dank! –
Denn ohne Sattel, kort min Bein,
so güng dat woll nich gor so fein.
Doch ick wär stolz! – Wat ick all kann!
Ick wär en „stolzer Reitersmann"!

De Ornt bi Tieden intobringen
brukt Sorg und Meuh vör allen Dingen.
De Garwen staht in Hocken dor.
Giw d' Regen? Na, Gewitter gor?
Doch schient de Sünn so richtig heit,
denn heit dat: „ran!" – Denn rönnt de Sweit.

De Bur, sin Fru und alle Mann
führt up dat Feld mit ehr Gespann,
und denn ward upstaakt ohne Rast.
Dat grad noch dörch dat Schündur paßt
so hoch de Fuhr – und ok so swoor
för Hans und Max, uns tutig Poor.

Ick weit, einst käm en Sünndag ran,
dor stünn in d' Dörp „Ringrieden" an.
Dat het de jungen Lüd gefolln.
Min Vedder Jens wull ok mitholln.
Und unse Hans wär woll siet Johrn
nich so dull putzt und striegelt worn.

Hans glänzt, Jens sattel em und aff
geiht d' denn in 'n sworen „lockern Draff".
Up 'n Rietplatz sünd se all to Stell.
Old und Jung, – ok 'n Blaskapell,
de, wenn de König denn ist kürt,
em mit Musik na 'n Kraug henführt.

Und denn geiht los! Jens seih ick dröben
mit sinen Hans as Nummer söben.
Hans stampt den Huf, speelt mit de Uhren
und schient up irgendwat to luren.

Jens sitt nu aff und sprickt em tau.
Uns Hans denkt woll: „Lat mi in Rauh!"

Hei kriegt up mal nu sine Mucken
und fangt ganz dösig an to bucken.
Hei böömt sick up, slöcht achter rut,
makt enen Satz und neiht denn ut!
Jens, de em nich hollen künn,
in d' Gras up 'n Mors sick wedderfünn.

Min Unkel Hein, de räup vull Bangen:
„Kamt fix! Wi mütt den Sleif doch fangen!"
Wi loopt na Hus, de Unkel vör,
und dor – steiht Hans all vör de Döör,
und Hals und Kopp und allens hängt.
Hei har sick doch tau dull woll bängt.

Poordusend Johr lang het dat Perd
den Minschen holpen und ernährt.
Swore Arbeit het dat dan.
Schall dat nu so einfach gahn?
Mit twei Peer korrte de Bur sinen Mess.
De niee Agronom brukt mehr PS!

Wenn de Krüff leer is,
biet sik de Peer.

(Zutreffend auf die heutige Zeit, wo alle Kassen leer sind.)

Erlebnisse der Anne aus Fuhlenhagen

Anne Schütt

In Bergen (Norwegen) werden die Kinder mit Gummistiefel geboren. In Kitzbühel kommen die Kinder mit Skiern auf die Welt. Auf dem Bauernhof wurden die Kinder mit Reitzeug! geboren. (Auf dem Pferde: siehe Bild mit „Max".)

Anne (Jahrgang 1935) erinnert sich gerne an ihre Kindheit auf dem elterlichen Hof. Pferde und viele Fohlen standen im Stall.

Lassen wir sie selber erzählen:

Meine größeren Geschwister konnten schon reiten, sich zumindestens auf dem Pferderücken halten. Wie aber sollte ich mit vier, fünf Jahren auf ein Pferd raufkommen. Unsere „Lotte", das Melkpferd, graste zwischen den Melkzeiten auf der Hauskoppel. Leider war „Lotte" auf einem Auge blind. Sie brauchte sehr viel Zuneigung. Wir Kinder beschäftigten uns sehr viel mit unserer Lotte, brachten ihr mal einige Äpfel oder Möhren oder auch einmal Zucker. Es bildete sich ein besonderes Vertrauensverhältnis. So konnte ich mich beim Fressen an Kopf und Mähne festhalten, dann hob Lotte den Kopf und ich war oben. Ich fühlte mich auf Lotte's Rücken wie eine Königin.

In Kriege mußten wir etliche Pferde an die damalige Wehrmacht abgeben. Meistens die besten. 1946 konnten wir ein ehemaliges Militärpferd, den Max zurückkaufen. Bei einem schweren Gewitter legte sich „Max" plötzlich auf die Erde und zitterte am ganzen Körper. Sicherlich wurde er an schwere Geschützfeuer oder Fliegerangriffe erinnert. Nur mit gutem Zureden konnten wir ihn beruhigen.

Im Sommer brachte die Dorfjugend gerne die Pferde nach der Arbeit auf die Weide. Manchmal spielten die Jungen sogar Kavalier, so daß wir Mädchen uns die Pferde aussuchen konnten. Den Max mußte aber immer ein Junge reiten. Zum Tränken ging es noch durch den Dorfteich. Aber Max patschte sich mit einem Vorderbein erst richtig naß und legte sich dann gemächlich auf die Seite. Großes Gelächter. Wer den Schaden hat, braucht für den Spott nicht zu sorgen.

Nicht immer ist ein „Abfallen" zum Lachen. Es fing so schön an. Ich ritt mit einem Mädchen aus dem Dorf aus. Auf dem Heimritt fing Max plötzlich an zu galoppieren. Das Mädchen kam gründlich in Wohnungsnot. Es blieb wie leblos liegen. „Max, was hast Du angerichtet?" Aber der treue

Max kam zurückgetrabt, beschnupperte seine Reiterin und blieb mit hängendem Kopf dabei stehen. Aber was sollte ich nur machen? Wie so schnell Hilfe herbeischaffen?

Glücklicher Zufall. Ein vorbeifahrender Jagdpächter brachte das Mädchen schnell nach Hause. Dort erholte es sich bald von der Gehirnerschütterung.

Bei schwerer Feldarbeit haben Pferde manchmal Schwierigkeiten beim Wasserlassen! Schon beizeiten lehrte mir mein pferdeliebender Vater das Gefühl für die Entlastung der Pferde. Wir mußten anhalten, sie streicheln und schön langsam pfeifen. Das hatte Erfolg. Wer das nicht glaubt, lese das folgende Gedicht über den Bananenpaul.

Der geduldige „Max" mit sieben Reiterinnen.

„Bananen-Paul"

In längst vergangenen Zeiten – noch vor dem ersten Krieg,
stand mal 'ne Pferdedroschke nachts auf dem Jungernstieg.
Der Kutscher war so'n Kleiner, genannt „Bananen-Paul",
der stand, andächtig flötend, ganz vorn bei seinem Gaul.

Er flötet nicht „Bajazzo" und auch nicht „Oberon",
sein Flöten war nichts Anderes, als eben – monoton.
Da nähert sich lustwandelnd der Herr Geheimrat Boll – – –
er macht sich so Gedanken, was das Geflöt' wohl soll.

Schließlich fragt er den Kutscher und der hat ihm erklärt:
„Mein Herr, se möten weeten, dat is een oles Peerd,
un mit dat Woter loten – dor will dat nich mehr so,
dor help ik mit mien Fleiten denn immer beeten no...!

„Ja, gibts denn sowas wirklich?" fragt der Geheimrat Boll –
da sieht er schon die Wirkung – „Das ist ja wundervoll!"
„Hör'n Sie mal zu, mein Lieber, ich bin ein alter Mann,
mir geht's wie diesem Zossen, ich sitz da auch mit dran.

Ich hab ja nun gesehen die Wirkung bei dem Tier,
versuchen wir dasselbe doch auch gleich mal bei mir."
„Hier haben Sie erstmal Trinkgeld, damit wir uns verstehn,
ich werde jetzt da drüben ins kleine Häuschen gehn.

Sie müssen draußen flöten, so wie bei Ihrem Pferd,
mal sehen, ob das beim Menschen genau so wirken wird."
Bananen-Paul der flötet vorm Pinkellarium,
er flötet 10 Minuten, da wird es ihm zu dumm.

Er stellt sich vor den Eingang und brüllt ganz ärgerlich:
„Nu mutt dat wohl genog sien, helpt dat noch immer nich?" – – –
„Nein, nein, Sie müssen aufhör'n", schreit der Geheimrat Boll,
„die Melodie, die stimmt nicht, ich hab die Hosen voll!"

High Noon auf dem Lande

(Wahre Geschichte)

Schleswig-Holstein-Pferdeland, heißt es. Aber lange nicht überall. Das haben wir gerade in unserer – weder von Reitern noch sonstigem Verkehr sonderlich frequentierten – ländlichen Idylle vor einigen Jahren erfahren.

Eines Tages prangten Reitverbotsschilder mitten auf einem Feldweg und versperrten uns die Verbindung zu der dahinterliegenden Feldmark. Eine 350-Seelen-Gemeinde wollte partout keine Reiter bei sich sehen.

* Schilder aufgestellt **ohne Genehmigung**
* 3 Monate später Genehmigung beantragt, **abgelehnt**
* 1 Jahr später: Erneut Genehmigung beantragt, **genehmigt**
* Widerspruch des Reitvereins, **stattgegeben**
* Gemeinde erhebt dagegen **Klage beim Verwaltungsgericht**
* Verhandlung vor Gericht: **Schilder müssen weg**

Da saßen wir also im Verwaltungsgericht:

Die Kläger: XX = Amtsvorsteher der Amtsverwaltung und der Bürgermeister des 350 Seelen-Dorfes

Und wir: Zwei Reiter mit Anwalt, beigeladen, weil unsere Interessen berührt werden.

Richter: Also, die Schilder müssen weg – Morgen sind sie weg!

XX: Ringt die Hände: Also, so schnell geht das aber nicht, einige Tage Vorlaufzeit braucht mein Bautrupp schon!

Richter: Das kann doch nicht so schwierig sein. Schicken Sie morgen einen vorbei, der kann erstmal die Schilder abschrauben.

XX: Ob ich da in den nächsten Tagen jemanden für abstellen kann, kann ich noch nicht sagen …

Richter: Ach, das machen Sie ganz einfach. Auf dem Weg nach Haus fahren Sie da kurz vorbei und werfen Säcke drüber, dann sind sie auch weg.

XX: Dazu werde ich heute wohl keine Zeit mehr haben …

Richter: Also, dann legen wir jetzt fest: Heute ist Dienstag – am Freitag haben die Schilder weg zu sein!

Anwalt: Moment, Moment. Was ist, wenn die am Freitag ins Wochenende gehen und das einfach nicht geschafft haben? Die Reiter haben sich schon viel zu lange mit diesem Zustand abfinden müssen.

Richter: Da haben Sie Recht. Also, legen wir fest: **Am Freitag um 12.00 Uhr müssen die Schilder weg sein!**

Da haben wir's also: High Noon auf dem Lande! Das wollen wir doch unbedingt im Bilde festhalten. Aber – am Donnerstagnachmittag reitet einer hin – die Schilder sind weg!

Ganz so lustig, wie es sich hier anhört, war das ganze natürlich nicht. Es lief über Jahre und hat die kleine Gemeinde eine Menge (Steuer)gelder gekostet und uns ein bißchen unserer kostbaren Zeit. Aber wo kommen wir hin, wenn uns auch noch der Humor abhanden kommen sollte …

Irmgard ist eine begeisterte Reiterin.

Ein gefallenes Mädchen
oder voll auf die Fresse gefallen

Irmgard Rießen, Trittau

Im Rückblick auf ein Leben mit Pferden gibt es viel zu erzählen.
Jedoch Oskar und Aliane möchte ich ein besonderes Kapitel widmen.
Die erste Begegnung mit Aliane war nicht gerade die berühmte Liebe auf den ersten Blick. Sie wurde mir vorgestellt als elegante 5jährige Fuchsstute – englisches Vollblut.

Es war im Sommer und unser Treffpunkt war eine Weide am Dorfesrand. Von dort sollte sie dann von mir bei Bedarf probegeritten werden. Schon der Anblick des Sattels und der Trense machten sie mißmutig, wurde sie doch von ihrer Lieblingsbeschäftigung, dem Fressen, abgehalten. Gleich beim Aufsatteln richtete sie als erste Vorwarnung ihre Ohren straff nach hinten. Auch das Aufsitzen erforderte artistisches Talent, denn ihre schnellen Rechts- und Linksdrehungen sollten das verhindern.

Kaum, daß ich im Sattel saß, zeigte sie ihr ungezügeltes Temperament – von Schritt- oder Trabphase war keine Rede; im gestreckten Galopp wollte sie es schnell hinter sich bringen. Die Blicke meiner Freunde und Feinde im Rücken spürend, verschwanden wir blitzschnell hinter der nächsten Kurve, was mir nur Recht war, zumal ich mächtig mit dem Gleichgewicht und schlotternden Knien zu kämpfen hatte. Schließlich sollte doch mein Ansehen gewahrt bleiben.

Spaziergänger und Radfahrer, die uns schon von weitem sahen, drückten sich an den Wegesrand, um uns gefahrlos an ihnen vorbeizulassen. Ich mußte meiner Verkrampfung ein Ende bereiten und entschloß mich, die Zügel ein wenig nachzugeben und „oh Wunder" von einer Sekunde auf die andere erfaßte uns beide Gleichstrom, und so fühlte ich mich beinahe schwebend auf ihrem Pferderücken. Bei allem Temperament, das Aliane entwickelte, hatte ich plötzlich das Gefühl, daß mir dieses Pferd mit seiner angeborenen Leichttrittigkeit viel Freude bereiten wird, was sich dann auch bewahrheitete.

Wieder am Ausgangspunkt unseres Rittes angekommen, gaben sowohl Aliane als auch ich unseren Gefühlen Ausdruck.

Wenige Tage später wurde der Kauf perfekt gemacht, und Aliane stand bei uns im Stall.

Sehr zur Freude von O s k a r. So hieß nämlich unser Kutschpferd. Eine Seele von einem Pferd. Oskar war natürlich äußerst beeindruckt von Alianes Schönheit und Eleganz und offensichtlich sofort verliebt in sie.

Ich erinnere mich an eine Situation, daß Aliane nicht gleichzeitig mit Oskar in den Stall geführt wurde. Sein Futter war bereits in der Krippe, und trotz großen Hungergefühls hing sein Blick sehnsüchtig an der Stalltür. Keine Aliane in Sicht. Da ließ ein heftiger Wieheranfall seinen übergewichtigen Körper erbeben, und in einem Augenblick meiner Unbedachtheit gelang es ihm, aus der Box heraus, zur Straße zu rennen, wobei ihm dicke Kullertränen herunterliefen. Glücklicherweise bekam ein Nachbar, ihn im letzten Moment am Halfter zu fassen. Das Erstaunen des Nachbarn war groß, hatte er zuvor noch nie ein Pferd weinen gesehen. Oskar ist leider schon im Pferdehimmel, immerhin erreichte er ein Alter von 30 Jahren. Sehr oft muß ich an ihn denken – mein „Menschenpferd".

Mit Aliane erlebte ich noch wunderbar beglückende Ausritte.

Allerdings gab es in unserer 18jährigen Gemeinsamkeit eine Erinnerung, die zum Glück mehr komisch als tragisch endete und die mir in meinem Beruf als Schauspielerin hätte zum Verhängnis werden können.

Es war ein klirrend kalter Sonntagmorgen im Januar. Die Luft war klar, und die Sonne schickte ihre ersten warmen Strahlen – ein Tag zum Durchatmen. Im Wald breitete sich noch eine leichte Schneedecke über dem Laub aus. Kaum hatten wir unsere erste Galoppstrecke erreicht, da passierte es, daß Aliane ausrutschte und stürzte. In dieser Sekundenschnelle dachte ich nur daran, möglichst weit weg vom Pferdekörper zu fallen, und in dem Moment landete ich auch schon mit dem Gesicht auf der Kante eines Baumstammes. Ich war im wahrsten Sinne des Wortes

voll auf die Fresse gefallen.

Um genau zu sagen, zwischen Nase und Oberlippe, was zur Folge hatte, daß ich mit Ohnmachtsgefühlen und starkem Nasenbluten zu kämpfen hatte, doch Aliane stand sofort wieder unverletzt auf den Beinen, und ich konnte noch ganz benommen, mich in Zeitlupe sehend, in den Sattel hinaufziehen, und ebenso langsam traten wir beide den Rückweg an.

Mein erster Gedanke war: „Wie sehe ich aus?" Werde ich am Abend auf der Bühne meine Rolle spielen können?

Schließlich mußte ich in dem Krimi GASLICHT als kesses Dienstmädchen den Hausherren verführen. Bis dahin hatte ich noch nicht mein Spiegelbild gesehen. Ich spürte nur, daß meine Vorderzähne nicht mehr so fest im Oberkiefer saßen, dafür aber die Blutungen aufgehört hatten. Voller Selbstmitleid liefen mir die Tränen über das Gesicht.

Zuhause angekommen, versetzte mir der Blick in den Spiegel einen Schock. Das war nicht ich, das war Quasimodo. Meine Augen waren nur noch Sehschlitze, die Nasenspitze kaum noch zu sehen, und die Oberlippe wölbte sich über die Unterlippe. Meine Mutter Dedi und mein Lebensgefährte Peter erstarrten bei meinem Anblick zu einem etwas zu langem Schweigen, wie ich meinte, doch dann wurden sie tätig, ein bewährtes Hausmittel gegen Schwellungen sollte seine Wirkung zeigen. Also beschlossen sie Kohlblätter zu überbrühen, um sie mir dann im kalten Zustand auf das Gesicht zu legen.

Bis zur Vorstellung waren es immerhin noch 7 Stunden, und die Schminke würde auch hilfreich sein, dachte ich.

Nur das Sprechen bereitete mir ziemliche Schmerzen. An die Kußszene mochte ich schon gar nicht denken. Wie würde das Publikum auf mein Gesicht reagieren. „Eine Fehlbesetzung" werden sie sagen! „But the show must go on" sagte ich mir.

Am Abend trafen mich dann die entsetzten Blicke meiner Kollegen, worauf aber gleich beruhigende Worte folgten, um mich ja nicht aus dem Gleichgewicht zu bringen, sonst hätte die Vorstellung gefährdet sein können.

Dann – mein erster Auftritt. – Er wurde mit Szenenapplaus belohnt. Überraschend, weil es sonst nicht der Fall war. Das Publikum wollte damit wohl die „tolle Maske" honorieren. Mein Selbstwertgefühl stieg an, und ich gab mein BESTES.

Ich behielt diesen Gesichtsausdruck noch einige Wochen. Die Zähne wurden von alleine wieder fest.

Im Nachhinein gestanden mir die Kollegen, daß sie bei meinem Anblick manchmal nicht wußten, ob sie lachen oder weinen sollten. Entschieden haben wir uns alle dann doch für das Lachen, denn das ist ja immer noch die beste Medizin.

Noch heute höre ich das fröhliche Wiehern, sehe die klugen Augen meiner Freunde Oskar und Aliane.

Überlaß das Denken den Pferden,
die haben einen größeren Kopf.

Reiterurlaub

1981 hatten wir uns den idyllischen Ort Gartow (Kreis Lüchow-Dannen-berg) ausgesucht, damals der östlichste Punkt des freien Teils Deutschlands im Norden.

Urlaub an sich ist schon eine feine Sache. Reiterurlaub mit eigenen Pferden in abwechslungsreicher Gegend ganz besonders. Ich will von einigen Erlebnissen berichten.

Direkt im Gartower Forst zwischen Nienwalde und Wirl verlief der Grenzzaun zur damaligen DDR. Wir wissen es, schwer bewacht. Es sollte doch kein Durchkommen geben. Es reizte uns, die Sicherheitsvorkehrungen der DDR zu testen. Junge Leute sind ja manchmal etwas übermütig. Wir wollten die Vopos mal so richtig überraschen.

Aus dem Walddickicht stürmten wir unter Führung des früheren Kavallerieoffiziers Ullrich v. B. mit lautem Gejohle gegen den Grenzzaun und daran entlang. Sofort heftige Tätigkeit auf dem Beobachtungsturm. Ein Motoradmelder prescht los ins Hinterland. Eine ganze Lastwagenkolonne voller Vopos rollt an.

Wir haben unseren Spaß. Fühlt Erich Honecker sich tatsächlich von einem Dutzend Freizeitreitern bedroht?

Ein paar Tage später. Wir haben die Gegend schon gut erkundet. Verirren in den riesigen Waldflächen (Privatbesitz Grafen B.), gab es nicht. Unser Ullrich v. B. führte stets das richtige Kartenmaterial mit und brachte uns sicher wieder nach Hause.

Wir wollten aber das Wendland um Gorleben, damals schon in aller Munde, noch besser erkunden. Wir erhielten Kenntnis von geheimnisvollen Aktivitäten einiger Atomkraftgegner. Sie hatten auf der vorgesehenen Bohrstelle zum Endleger des Atommülls ein Hüttendorf errichtet. Sie wollten weitere Vorbereitungen und Bautätigkeiten verhindern und auf Möglichkeiten der Erzeugung regenerativer Energien (Wind, Sonne, Biogas aus nachwachsenden Rohstoffen) aufmerksam machen. Wer kann eigentlich etwas dagegen haben?

Motorisierte Besucher waren unerwünscht und wurden weit vorher abgefangen. Ob wir mit unseren umweltfreundlichen Pferden wohl Zutritt bekommen? Natürlich, kein Problem. Aber Überraschung auf beiden Seiten. Auf Absperrungen gegen Pferde waren sie nicht eingestellt. Unsere etwas nervösen Pferde hinterlassen als Dünger für zukünftige Blumenbeete ein paar Pferdeäppel.

72

Das Hüttendorf der Atomgegner.

Freizeit- und Westernreiter

Noch Monate später gingen die Vorgänge um dieses Hüttendorf durch die Presse. Die Polizei tat sich schwer. Die Besetzer hatten viel Sympathie in der umliegenden Bevölkerung.

P. S. Kurz vor Abschluß zu diesem Buch rollt „Castor" mit viel Aufwand und Bewachung gen Gorleben. Egal auf welcher Seite man steht. Atomgegner verurteilen den Transport, Politiker und Polizei müssen für sichere Ankunft sorgen. Das Fernsehen ist, wie immer, dabei.

Ich entdecke einige erfreuliche Bilder. Wo sich berittene Polizei und Demonstranten gegenüberstehen, geht es friedlich zu. Und die schleswig-holsteinische Landesregierung will die Polizeireiterstaffel auflösen. Das verstehe wer will. Ich nicht.

Dat Peerd, dat den Hawer verdeent hett, kriggt em nich

Lütjenburger Köm

Authentischer Bericht
unseres langjährigen Reiterführers Hans

1925 Landesturnier in Neumünster. Es war das 2. Landesturnier überhaupt in Schleswig-Holstein. Die Fehmaraner wollten dabeisein. Wie aber diesen langen Marsch bewältigen? Die Pferde und Reiter sollten ja auch nicht abgekämpft dort ankommen.

Was also unternehmen? Immerhin liegt Kiel dichter an Neumünster als Fehmarn. Und nach Kiel kann man mit dem Schiff kommen. Die sogenannte Fehmarnlinie beförderte Personen, Tiere und Güter zwischen Lübeck und Kiel über Fehmarn. Aber Reitpferde?

So wie heute teure Turniercracks in Transportkästen mit Flugzeuge befördert werden, so wurden also die Pferde auf Dampfer „Bürgermeister Lafrentz" verladen.

1. Pleite. Die hintere Klappe des Transportkastens des Pferdes „Rosalie" von Chr. M. löste sich als beide zwischen Himmel und Erde schwebten. Jeder Pferdefreund weiß, daß Pferde sofort zurücktreten, wenn hinten geöffnet wird. Eine brenzliche Situation. Es ging gerade noch einmal gut. Nur eine leichte Schürfwunde.

Die Überfahrt überstanden Pferde als auch Reiter ohne Seekrankheit. Trotzdem glaubten die Reiter, sich in Kiel erst einmal stärken zu müssen. Vom Hafen zum Hotel Schuldt (später Flensburger Hof), war es nicht weit. Und es war damals auch kein Problem, mit Pferden durch die Stadt zu reiten. „Major Sievert", unser Reitlehrer, war weit bekannt im Lande. So war es für den Hotelchef eine Ehre, für uns einen Bügeltrunk zu spendieren.

Unser abendliches Ziel: Blumenthal. Hier wurde gerade Erntedankfest gefeiert. Wir kamen gerade recht. Mitfeiern war selbstverständlich.

Nächsten Morgen: 2. Pleite.

Es waren zwar alle Reiter zur Stelle, aber nicht alle Pferde. Es fehlte „Waidmann" von Matz R. Also mußten wir in alle Himmelsrichtungen ausschwärmen. Wir fanden „Waidmann" friedlich auf einer Weide grasend.

Das Landesturnier selbst war damals noch eine ruhige Sache. Es gab nur Reiter- und Fahrerprüfungen. Aber man war dabeigewesen. Insbesondere Hans, unser Jüngster, holte einige schöne Preise.

Den Rückmarsch wollten wir zu Pferde wagen. Lütjenburg lag etwa auf halbem Wege und war etwa ein Tagesmarsch. Als Nachtquartier müßten sich eigentlich die Stallungen einer Kornbrennerei eignen. Unser „Major Sievert" meldete sich also für den Abend an. Müde und abgekämpft kamen wir vor der bekannten Kornbrennerei an.

3. Pleite. Nichts war vorbereitet. „Auch für unsere treuen Pferde kein Nachtquartier?" „Nein."

Da Durst schlimmer als Hunger und Heimweh ist, kehrten wir zunächst im Restaurant „Bismarkturm" ein. Im nächsten Dorf fanden dann Pferde und Reiter Unterkunft.

Noch auf dem Nachhauseritt wurde der „Kriegsplan" geschmiedet. Fortan wollte keiner mehr den „Lütjenburger Köm" trinken. Ausnahmslos alle Gastwirte der Insel schlossen sich dem Boykott an.

Aber kein Krieg dauert ewig. Und vielleicht waren auch beide Seiten nicht so ganz glücklich damit. Nachdem selbst der 30jährige Krieg übertroffen war, wollte man nach 34 Jahren Frieden schließen. 1959 anläßlich einer Versuchsringausfahrt wurden Fehmarns Landwirte in eben dieser Kornbrennerei bestens bewirtet.

Seitdem schmeckt auf Fehmarn auch wieder der „Lütjenburger Köm".

Traditioneller Ausmarsch zum Turnierplatz auf Fehmarn, angeführt von Hans Kleingarn.

Pferdehändler

Turnier in Neustadt / Holstein. Vorbereitung zur Materialprüfung für Reitpferde. Ich war als Zuschauer dabei.

„Mein Pferd „Aquila" (Name des Pferdes geändert) ist eben am linken Vorderfußwurzelgelenk geschlagen worden. Da stand eine Gruppe Pferde und als ich vorbei reite, passierte es." So wandte sich die Reiterin an den Besitzer des Pferdes „Aquila". Herr H. prüfte das Vorderbein des Pferdes. „Du kannst die Materialprüfung mitreiten. So schlimm ist es wohl nicht."

Vier Wochen später bekomme ich eine Aufforderung, vor Gericht als Zeuge auszusagen. In Sachen Pferdehändler H. gegen Reiterin Annelene mit Pferd „Felice". Ich hatte der Sache keine große Bedeutung beigemessen, wußte aber noch genau was die Reiterin des Pferdes „Aquila" damals gesagt hatte.

Wieder ein paar Tage später treffe ich meinen Nachbarn Hannes, auch Pferdefreund. „Stell Dir vor, ich soll in Lübeck zu Gericht als Zeuge." „Ja, ich auch wegen der Sache damals in Neustadt." „Ich habe noch nie vor Gericht gestanden und jetzt gleich in Lübeck."

Uns schlotterten schon jetzt die Knie. Aber wenigstens würden wir ja Zeugengeld bekommen. Das aber hören unsere Ehefrauen und wittern gleich Morgenluft = Kleiderduft. „Dann kommen wir mit, ein Stadtbummel wäre nicht schlecht."

Der Tag des Prozesses. Großes Aufgebot. Vier Zeugen, je zwei von jeder Seite. Ich stand zu meiner Aussage. Für Herrn H. war das wohl nicht gerade günstig.

Soviel bekomme ich mit, Pferdehändler H. wollte viel Geld als Schadenersatz von der Haftpflichtversicherung der Reiterin Annelene. Große Tierarztrechnungen wurden vorgelegt, überhaupt sei es nicht sicher, ob „Aquila" als Reitpferd je wieder brauchbar sein würde. Es wurde aber nicht einmal restlos geklärt, ob das Pferd „Felice" überhaupt der „Schläger" war. Aber laß die Versicherung man bezahlen.

Nach dem Gerichtstermin treffen wir uns mit unseren Ehefrauen in der „Schiffergesellschaft" zum Essen. Das Zeugengeld war schon mal futsch. Und es gibt in Lübeck ja noch so viele schöne Geschäfte!

Einige Jahre später. Ich war mit einigen Freunden auf Reiterurlaub in Gartow (direkt an der damaligen DDR-Grenze).

Von diesem Reiterurlaub wird noch einiges zu berichten sein.

Beim Gang durch die Stallungen unserer Pension lese ich über eine Box plötzlich den Namen „Aquila". Sollte vielleicht?

Ich prüfe das linke Vorderbein des Pferdes. Tatsächlich, eine ganz kleine Narbe am Vorderfußwurzelgelenk.

„Wo haben Sie denn dieses Pferd her?" „Aus Lübeck."

„Dann haben Sie es wohl billig bekommen?" „Wo denken Sie hin, das ist doch ein Spitzenpferd, wir haben es mit allen Garantien gekauft."

Wundersame Geldvermehrung, oder nur der Versuch dazu?

Reitstunde

Reiten ist in. Klar:

Das Glück der Erde liegt auf dem Rücken der Pferde. Und es sieht auch alles so leicht aus. Der Zahnarzt nimmt Reitstunden. Es klappt auch ganz leidlich. „Was kann ich denn jetzt noch lernen, ich habe doch schon 10 Reitstunden gehabt?"

„Prima, ich schaue mal bei ihnen zu, wie sie einen Zahn plombieren. Anschließend bohre ich bei ihnen die Zahnwurzel frei. Ob das wohl klappt?"

Ein Pferdeappel:

Er ist fein heraus
Er ist dick und rund
Er darf in der Öffentlichkeit rauchen
Die Spatzen sorgen für seine Zerstreuung
Die Stadt sorgt für sein Fortkommen

Der Schleswiger Kaltblüter

In vielen Beiträgen haben wir unsere treuen Arbeitskameraden kennengelernt. Die reinen Arbeitspferde waren sehr oft Schleswiger.

Viele Beiträge handeln von diesen zuverlässigen Pferden.

Z. B. Twee Dickköpp,

Uns Arbeitspeer – uns Kameraden

„Polli" – eine schleswiger Stute

Mit zunehmender Motorisierung und Rationalisierung bei steigenden Lohnkosten in der Landwirtschaft wurden immer weniger Pferde gebraucht. Die Zucht der Kaltblutpferde machte eine schwere Krise durch. Von einst über 20 000 Stuten blieben nur 50.

Diese wurden von wirklichen Idealisten gehalten. An der Spitze Jürgen Isenberg, Gut Kamp. Er scharte einige Unentwegte um sich. Sie wollten den Niedergang und das eventuelle Aussterben dieser Rasse unbedingt verhindern. Es ist gelungen.

Unter persönlichen Opfern arbeiteten sie noch weiter auf den Höfen mit ihren Pferden. Und sie suchten und fanden neue Aufgabenfelder für ihre treuen, leicht zu fütternden Arbeitskameraden.

Viele Bierbrauereien brauchten im Lande der Weltmeister im Biertrinken zur Repräsentation auf Umzügen und Ausstellungen Vierer- und Sechserzüge. Die Schleswiger waren dafür hervorragend geeignet. Nur in Schleswig-Holstein konnten sie diese ausgeglichenen, schon angelernten Pferde kaufen.

Die Aufzucht lohnte sich wieder. Zur Blutauffrischung wurden Hengste aus Frankreich und besonders aus Dänemark („Odin") gekauft. Der typische Schleswiger wurde eleganter mit schwungvolleren Bewegungen.

Jetzt meldeten sich auch Baumschulen und Forstbetriebe. Sogar der Landesforstmeister kam persönlich zu Herrn Isenberg: „Die Pferde müssen wieder in den Wald."

Wegen der Schäden, die die großen Traktoren und Maschinen im Wald hinterließen, kam man auf die Perde zurück (siehe Bilder).

So konnten sich viele Züchter im Winter beim Holzrücken ein Zubrot verdienen. Das Pferd kann diese Arbeit viel umweltfreundlicher verrichten als schwere Traktoren. Sie hinterlassen im Gegensatz zu den Rückemaschinen, die junge Bäume demolieren und im Waldboden tiefe Spuren hinterlassen, keine Schäden und verpesten nicht die gute Luft im Wald mit Dieselabgasen. Die Querflächenstruktur, auch für Waldböden wichtig, bleibt viel besser erhalten.

Außerdem können die Pferde sogar noch an den steilen Hängen im Harz oder in den südlichen Bergwäldern arbeiten.

Auch Touristikunternehmen entdecken zunehmend die Vorzüge attraktiver Pferdegespanne. Planwagenausfahrten werden immer beliebter. Sogar Hochzeitskutschen mit 4 Schleswigern davor entdeckten wir.

Auch die Deckhengste werden angespannt. Glücklich wer noch Gespannführer vom alten Schlag hat. Insbesondere auf den Bio-Betrieben ziehen die Pferde Drillmaschine, Walze oder Egge. Der Bodendruck verteilt sich gleichmäßiger und die Struktur und Bodengare bleibt besser erhalten.

Im Betrieb Isenberg ist es nicht nur Nostalgie, nein, wenn der Bauer noch selbst seine Pferde beschlägt, zeugt das von außergewöhnlichem Engagement für die Pferdehaltung.

Der „Schleswiger" scheint (ist!) dank der Opferbereitschaft und dem Idealismus seiner noch verbliebenen Züchter gerettet.

Idyllisches Leben auf dem Lande.

Mit voller Kraft und Energie.

Pferde: immer noch vielseitige Einsatzmöglichkeiten.

Schwere Maschinen schädigen den Waldboden.

Das Pferd im Polizeieinsatz

Heute noch ein gewohntes und liebgewordenes Bild auf unseren Straßen und in der Landschaft. Wie lange noch?

Sogar bundesweite Bekanntschaft erlangte die Lübecker Reiterstaffel bei ihrem Einsatz auf dem Gelände des geplanten Kernkraftwerkes Brokdorf. Im „Tränengasnebel", umgeben von tausenden Demonstranten standen Roß und Reiter ihren Mann. Sie waren eine wesentliche Stütze der übrigen Schutzpolizei. Auch in Großstädten werden bei Demonstrationen immer wieder starke Kräfte der berittenen Polizei zum Schutz von Recht und Ordnung eingesetzt. Es wurde deutlich, daß gerade dort, wo große Menschenansammlungen friedlicher oder unfriedlicher Art den Ablauf des Geschehens beeinflussen, das einsatzfähige Dienstpferd ein durch nichts zu ersetzendes Hilfs- und Einsatzmittel darstellt.

Wo motorisierte Kräfte und Wasserwerfer aus Zweckmäßigkeitsgründen nicht eingesetzt werden können oder versagen, da erfüllen die Polizeireiter mit ihren Pferden ihren Räum- und Sperrauftrag stets mit gutem Erfolg. Auch dort, wo Fußstreifen oder Funkwagen wegen des unwegsamen Geländes oder aus anderen Gründen nicht zum Einsatz kommen können, überwachen Polizeibeamte zu Pferde zu jeder Jahreszeit und bei jedem Wetter tagein, tagaus die ihnen zugewiesenen Streifengebiete. Überhaupt ist das Verhindern von Straftaten und den damit verbundenen Schäden die Hauptaufgabe der Polizeireiter. Täglich werden Umweltstreifen in den Wald- Naturschutz- und Erholungsgebieten Schleswig-Holsteins geritten. Dank ihrer Mobilität sind sie zu allen Jahreszeiten ebenso am Hohen Elbufer bei Geesthacht, im Sachsenwald, Segeberger Forst wie auch im Vogelschutzgebiet Wallnau auf Fehmarn oder an der Westküste anzutreffen.

Aufgrund ihres guten Überblickes und der Tatsache, daß sie überall schnell hinkommen, kann sehr oft vorbeugend gehandelt werden. Manchen Feuerfrevel im Wald haben sie schon verhindert, viele Hundehalter darauf aufmerksam gemacht, daß ihre Lieblinge im Wald angeleint werden müssen (und sei es auch durch ein Bußgeld.). Entflohene Häftlinge haben kaum eine Chance, oder Mopeddiebe wurden bis in die Fußgängerzone der Städte verfolgt. Auch ist zum Beispiel auf Parkplätzen bei Großveranstaltungen noch kein einziger Einbruch verübt worden, hatte dort die Reiterstaffel ihren Einsatz.

„Vor allem wollen wir uns der Bevölkerung zeigen und können schnell und überraschend präsent sein. Gerade für ältere Menschen spricht unsere

Schutzfunktion eine große Rolle", erklärt ein erfahrener Polizeireiter. Mit, „oh, ein schönes Bild" und „die Polizei dein Freund und Helfer" wurden wir von einer wandernden Seniorengruppe begrüßt.

Die Polizeireiter verlangen von ihren Pferden kaum Höchstleistungen, aber ständige Einsatzbereitschaft. Wie kommt ein Pferd zur Polizei (wird Beamter) und welche Voraussetzungen muß es erfüllen?

Polizeihauptkommissar Bielefeld, Leiter der Lübecker Reiterstaffel: „Der Typ eines Polizeipferdes muß der eines edlen vielseitig veranlagten und leistungsfähigen Warmblüters sein. Insbesondere die Charaktereigenschaften, also Nervenstärke, Intelligenz und Leistungsbereitschaft müssen stimmen."

Turniererfahrene Polizeireiter bilden die jungen Remonten aus. Ein fachgerechtes Anreiten ist Voraussetzung für eine lange Nutzungsdauer. Schließlich will jeder der ca. 12 Reiter und Reiterinnen der Lübecker Staffel möglichst lange mit seinem Pferd zusammenarbeiten. Erst der stetige, kameradschaftliche Umgang schafft die Voraussetzung für speziellen Polizeieinsatz.

Nur mit viel Sachverstand und Einfühlungsvermögen in die Psyche der Pferde und mit Liebe zur Kreatur im freudigen Miteinander ist die Basis für den ständigen, vielseitigen Einsatz zu schaffen. Schließlich dürfen weder Reiter noch Pferd selbst im dichtesten Straßenverkehr, noch bei ernsthaften Demonstrationen die Nerven verlieren. Mensch und Tier müssen alle nur denkbaren Situationen immer wieder wirklichkeitsgetreu durchspielen bis ein Leistungsstand erreicht ist, der allen Eventualitäten polizeilicher Praxis gerecht wird. Selbstverständlich müssen Polizeipferde auch schußfest sein und sich einem Feuer nicht durch die Flucht entziehen, sondern sollen im grenzenlosen Vertrauen zu ihren menschlichen Partnern im wahrsten Sinne des Wortes durchs Feuer gehen.

Der hohe Ausbildungsstand unserer Lübecker zeigte sich beim ersten Europacup der Polizeireiter aus acht Nationen mit 25 Mannschaften in Münster (Westfalen). In allen Disziplinen wurden gegen weitaus stärkere Staffeln, z. B. aus Frankfurt, Berlin oder Lissabon (besitzt sogar 200 Polizeipferde) vordere Placierungen erreicht. Der Triathlon (Geländereiten, Schießen, Laufen) als Höhepunkt des letzten Tages sah die Schleswig-Holsteiner als souveräner Sieger! Die Freude war groß.

Bewunderung und breite Zustimmung finden unsere Polizeireiter auch bei Umzügen, Volksfesten, Stadtjubiläen und Sportveranstaltungen. Soll das nun alles vorbei sein? Ich hoffe nicht.

Reiterstreife im Sachsenwald

Horst Bielefeld

Der „Jahrhundertsommer" wollte einfach kein Ende nehmen. Wochenlang hatte es nicht geregnet und besonders an den Wochenenden bevölkerten wahre Heerscharen von Erholungssuchenden den Sachsenwald. In solchen Zeiten gab es für die berittenen Polizeibeamten fast rund um die Uhr zu tun. Die für dieses große Waldgebiet während der Sommermonate zuständigen Polizeireiter waren mit dem ersten Sonnenstrahl bei der Arbeit. Füttern und Putzen der Pferde, kleiner Morgenimbiß und schon ging es los. Zu dieser Zeit waren die beiden Beamten noch mit der erwachenden Natur allein. Aber bald darauf verkrochen sich auch die mutigsten Waldtiere vor den heranrollenden „Naturfreunden" im Dickicht. Die wenigen Parkplätze waren bald überfüllt, so daß die später Kommenden nur noch eine Abstellmöglichkeit vor den Sperrbalken der Waldschneisen fanden. Jeder Kraftfahrer sollte aber wissen, daß diese Zufahrten stets freigehalten werden müssen, um in Notfällen Einsatz- und Bergungsfahrzeugen das Befahren der Schneisen zu ermöglichen. Diese „Strafzettelaktion" an den vielen Schneisen kostete Zeit und Nerven. Die Mittagshitze, die Fliegen und Bremsen taten ihr übriges. Auf dem Wege zur verdienten Mittagsfütterung bei der Station mußte noch das Herrchen eines nicht angeleinten Hundes darüber belehrt werden, daß allein im Sachsenwald jährlich ca. 20 Rehkitze von umherlaufenden Hunden gerissen werden. Herrchen sah alles ein und bezahlte.

Hafer für die Pferde, Spiegeleier in die Pfanne, Wechseln der verschwitzten Sommerhemden, Anmeldung über Funk bei der Einsatzleitstelle und die Spätstreife konnte beginnen. Fast lautlos bewegten sich die beiden Reiter über schmalen Waldpfade. Ständig vom Pferderücken nach allen Seiten beobachtend, entging ihnen keine Unregelmäßigkeit akustischer oder optischer Art. Plötzlich vernahmen beide fast gleichzeitig einen kaum wahrnehmbaren Brandgeruch. Gespannte Aufmerksamkeit. Sie ahnten schon, woher der Rauch kam. Nach einer kurzen Galoppstrecke fanden sie die Bestätigung ihrer Annahme. Auf einer kleinen Anhöhe zwischen dicken Kiefern ein fröhliches Treiben. Das darf doch nicht wahr sein! Eine Gruppe Hamburger Rockertypen, was aus den Kennzeichen der abgestellten Kräder zu schließen war, grillte ihre Steaks am lodernden Lagerfeuer. Das plötzliche Erscheinen der Polizeireiter stiftete bei den „Naturfreunden" sichtliche Verwirrung. Da eine Flucht sowieso zwecklos erschien, ergaben sich die Boys and Girls ihrem Schicksal. Was folgte, war Routinesache: Personalienfeststellung und Computerbefragung über Funk, Löschen des Lagerfeuers und Wiederherrichten des ursprünglichen Zustandes, Hinausgeleiten der Täter bis zur Straße, Ritt in die Unterkunft – Berichtsfertigung.

Während des Abendbrotes hörten die Polizeireiter, daß der Waldbrand in der Göhrde sich trotz des zusätzlichen Einsatzes von Grenzschutz und Bundeswehr weiter ausbreitete. 3 Feuerwehrleute seien beim Löschen von den Flammen eingeschlossen worden und ums Leben gekommen. Der geschätzte Sachschaden belaufe sich momentan auf 170 Millionen DM. Daraufhin sagte Werner zu Karl: „Stelle Dir vor, das Lagerfeuer vorhin wäre hier „hochgegangen".

He tömt sien Peerd a'n Stert up

Krankheit kummt to Peer,
un geiht to Foot.

„Der Schrei im Moor"

Horst Bielefeld

Im ersten Moment denkt sicherlich jeder beim Lesen dieses Titels an einen Krimi, aber diese Geschichte hat überhaupt nichts Kriminelles an sich, ist dennoch nicht weniger dramatisch. Mittlerweile liegt dieses Geschehnis schon über zwei Jahrzehnte zurück, aber weil es besonders für mich so überaus dramatisch war, hat es sich recht tief in meiner Erinnerung eingebrannt, und deshalb möchte ich Ihnen diese Geschichte jetzt einmal erzählen.

Es war damals ein heißer Sommer, wochenlang hatte es nicht geregnet, die sonst grünen Blätter waren bereits angewelkt und der Waldboden hatte seine letzte Feuchtigkeit längst an die Luft weitergereicht. An einem solch herrlichen Montagmorgen fuhr ich nach Schleußhörn, um einen der vier Außenposten der Polizeireiterstaffel am Lütjensee zu inspizieren. Einer der dort eingesetzten Beamten hatte heute nach einem schönen und ereignisreichen Wochenende dienstfrei. Aber sein Pferd „Janus", ein hellbrauner Holsteiner Fuchs wollte trotzdem auch bewegt werden und nicht nur den ganzen Tag im Stall stehen. Deshalb war ich ja auch gekommen.

Also sattelten wir unsere Rösser und ritten los. Ich überließ es Heinrich, der seit vielen Jahren dort im Sommerhalbjahr Dienst verrichtet, den richtigen Weg zu finden. Und das kann ich Ihnen versichern, die Gegend um den Lütjensee und Mönchsteich herum ist traumhaft schön. Natur pur! Immer wieder erinnerte mich diese Landschaft an die stillen, romantischen Seen in Südnorwegen. Wir ritten lautlos im Schritt auf den schmalen Waldwegen zum Mönchsteich und dann am Ufer dieses kleinen Sees entlang. Die Sonne glitzerte durch das noch dichte Blätterdach. Es war eine wundervolle Stimmung.

Kleine ehemalige Buchten waren im Laufe von Jahren langsam zugewuchert und später ausgetrocknet. In manchen waren Trampelpfade im Gras zu erkennen, die die Angler als Abkürzung bei ihrer Pirsch benutzen.

„Diesen können wir auch benutzen! – Das ist hier alles trocken!" sagte mein ortskundiger Führer und wendete seine „Arkona" vom Uferweg hin zum Trampelpfad. Ich wollte mir das Ganze erstmal aus der Ferne anschauen und verhielt noch einen Augenblick auf dem sicheren Weg. Oft oder meist haben die Pferde ja ein Gespür für etwas, was ihnen nicht geheuer ist. So verhielt sich auch die „Arkona". So ganz recht war ihr dieser

Kurswechsel wohl nicht. Janus und ich beobachteten, wie Heinrich sein Pferd doch ziemlich energisch vorantrieb. Das war auch vonnöten, denn so nach einigen Metern drohten die Pferdehufe durch die übergetrocknete Schlammdecke zu stoßen. Offensichtlich war die nur oberflächlich abgetrocknete Schicht des sumpfigen Bodens viel dünner als erwartet. Schon nach wenigen Tritten versanken die Hufe schon mal in diesem Schilfgeflecht. Hier konnte nur noch ein zügiges Durchreiten vor dem Einbrechen helfen.

Aber Pferde sind ja gesellige Tiere. Kaum hatten sich die beiden ca. 8 bis 10 Meter von uns entfernt, da gab's für Janus kein Halten mehr. Ohne daß ich ihm einen Befehl dazu gegeben hätte, sprang er ziemlich unbeherrscht hinter seiner Stallgefährtin her. Schon nach ein paar Tritten traf Janus das erste „vorgefertigte" Loch und stanzte es mit seinem Gewicht noch tiefer aus. Die folgenden Tritte wurden von Mal zu Mal tiefer. Für einen Rückzug mit einer Wendung in dieser Situation war es zu spät. Das Pferd versank unter mir und im Nu berührte ich mit meinen Stiefeln und „Janus" mit seinem Bauch den Boden. Schlagartig stieg in mir eine schlimme Kindheitserinnerung auf, in der unser damaliges Pferd in einem Schwemmland einbrach und in Sekundenschnelle bis zum Kopf im Schlamm versank. Nur mit großer Mühe konnte es damals geborgen werden. Deshalb hatte ich nur einen einzigen Gedanken: so schnell wie möglich runter vom Pferd, um es nicht durch mein Gewicht noch tiefer einsinken zu lassen.

Gedacht – getan. Ich rollte mich links vom Pferd und lag kurz darauf vor dem Pferdekopf auf der wabbernden Sumpfdecke. Mittlerweile war der Janus, wie man sich als Pferdekenner gut vorstellen kann, in Panik geraten. Mit hektischen Paddelbewegungen versuchte nun das Pferd, sich aus dieser „Todesumklammerung" zu befreien und wieder festen Boden zu gewinnen. Urplötzlich erwischte eines der „suchenden" Beine mein direkt vor ihm liegendes Knie – und fand dort plötzlich den ersehnten Halt. Sofort darauf traf mich auch das zweite Bein. „Janus" hielt es wohl in seiner Todesangst für den rettenden „Strohhalm" und zog sich mit der ganzen Kraft seines gestählten Körpers mit einer Art Klimmzug aus seiner mißlichen Lage. Für das Pferd bedeutete das die Rettung, aber schon als „Janus" seinen ersten Huf auf mein Knie drückte, war ich auf dem Boden festgeschweißt, wie in einem Schraubstock, zu keinem Millimeter Bewegung mehr fähig. Als dann noch das zweite Bein meinen Unterschenkel festhielt und sich „Janus" anschickte, sich daran aus dem Sumpf zu ziehen, sah ich mein Bein, meine Knochen in tausend Teile zersplittern. In diesem Augenblick durchbrach ein markerschütternder Schrei die Stille am Waldsee. Er kam aus meiner Kehle. Bis dahin hatte ich nicht gewußt, daß ein Mensch solch einen Laut ausstoßen kann. Und ich muß gestehen, ich hatte eine Todesangst. Aber …

Das fast Unerwartete geschah. „Janus" schaffte es tatsächlich, wieder festen Boden unter seine Füße zu bekommen, und als ich mein „zertrümmertes" Bein ganz zaghaft zu bewegen versuchte, stellte ich zu meiner freudigen Überraschung fest, daß eigentlich nichts Befürchtetes eingetreten war. Kein gebrochenes Bein, nur einige Hufabdrücke auf dem Stiefelschaft und meinem Knie, die mich noch viele Tage an dieses Ereignis erinnerten. Es war der weich-federnde Untergrund, der das befürchtete Zerbersten verhindert hatte. Auf dem Uferweg bestieg ich den noch leicht nervösen „Janus" und wir setzten unsere Streife wie geplant fort.

Moral von der Geschicht: Verlasse Dich in solchen Situationen lieber auf den Instinkt Deines Pferdes. Dieses Mal war noch – alles gutgegangen! –

Morgenritt

Sattelknirschen, Pferdeschweiß – – –
Meine Wangen brennen heiß – – –
Weitaus greift der Hufe Lauf,
Setzt kaum auf die Erde auf.
Froh im Einklang der Natur,
Sonnenschein auf unserer Spur,
Vogelstimmen, Morgendunst,
Wer beschert uns diese Gunst?
Jubelnd steigt das Herz hinan,
Weil ein schöner Tag begann

Erdmut Vedova

Sportler des Jahres 94 in Schleswig-Holstein

Mit Spannung erwarten alle Sportfreunde, überhaupt alle Zeitungsleser, die Wahl der Sportler des zurückliegenden Jahres. Damit sollen doch die besten und beständigsten Leistungen der Sportler gewürdigt werden. Mancher Sportler, ob Leichtathlet, Segler, Turner, Gewichtsheber, Boxer, Fuß- oder Handballer, Reiter, Tennis- oder Tischtennisspieler, Tänzer, Langstreckenläufer, macht sich Hoffnungen, dabei ganz vorne zu stehen. Wissen wir doch, daß wir auch in Schleswig-Holstein Deutsch-, Europa- oder gar Weltmeister haben. Und wir als Sesselsportler (Fernsehen) können kaum ermessen, welche Anstrengungen und Entbehrungen täglich nötig sind, um beständige und außergewöhnliche Leistungen zu vollbringen.

Umso größer die Freude bei allen Reiterfreunden, daß die Wahl für 1994 sowohl bei den Sportlerinnen als auch bei den Sportlern an die Reiterei gefallen ist. Mit deutlichem Vorsprung siegten Karin Rehbein und Sören von Rönne. Dies zeigt die Wertschätzung der Journalisten (und von uns allen) für den Reitsport im allgemeinen und für diese untadeligen Reiter im besonderen. Herzlichen Glückwunsch!

Der Züchter

Ein Züchter wird nicht auserkoren,
als Züchter wird man nur geboren
und den Erfolg und auch sein Können
darf man wohl eine Gabe nennen.

Alle Sorge und alle Not,
alle Freude und all das Brot,
alle Wünsche und alle Pflege,
wenn man das alles zusammenlege,
würde bestimmt ein schweres Gewicht,
doch daran denkt ja der Züchter nicht.

Bei allem Planen und allem Denken
muß ihm das Schicksal die Gnade schenken,
daß ihm im Züchten das Werk gelingt,
worum so mancher vergebens ringt.

Jann-Dieken Frieling

Holsteiner Hengst „Contender"

Flucht 1945

Für viele Familien waren Pferde geradezu Lebensretter auf dem großen Treck aus dem Osten während des letzten Kriegswinters 1945.

Der Winter 1944/45 war sehr streng. Der Schnee lag in Ostpreußen ca. 50 cm hoch. Bei 30° Kälte mußten viele Familien bei Herannahen der Front ihr Hab und Gut in Stich lassen. Frauen, Kinder, Kriegsgefangene und treue Hilfskräfte hatten heimlich Planwagen gebaut. Die Väter und Ehemänner standen an der Front. Vorbereitungen zur Flucht standen zwar unter Strafe, aber die Kreisleitungen der Nazis hatten sich selbst bestens vorbereitet.

Den Bauernfamilien blieben zur Flucht zwar die Pferde, aber alle anderen Tiere (Kühe, Schweine, Hühner) mußten zurückgelassen werden. Das ist den Flüchtenden bestimmt nicht leicht gefallen. Aber Berichte über Greueltaten der Soldateska ließen ihnen keine andere Wahl. So mußten sie den langen Weg in eine ungewisse Zukunft antreten.

Pferdegespanne fanden auf verstopften Straßen einen Weg, zogen den Planwagen auch durch hohe Schneewehen oder bei grimmiger Kälte über das Eis des Frischen Haffs. Die Familien der Trecks mußten sich gegenseitig helfen, wenn durch Tieffliegerbeschuß oder Krankheit Pferde ausfielen oder Wagen zusammenbrachen.

Nicht jeder Treck erreichte rechtzeitig das zunächst rettende Ufer der Weichsel bzw. der Oder. Aber ihre treuen Pferde waren bereit, das letzte zu geben, trotz knappen Futters, oftmals provisorischer nächtlicher Unterkunft oder auch Lahmheit wegen verlorener Eisen.

Die heute fast 90jährige Frieda Mattern hat den langen Leidensweg im Tagebuch festgehalten. Die Leser dieses Buches können so die Strecke nachvollziehen.

Ein weiterer ausführlicher Bericht beschreibt eine andere Route.

Flucht aus Ostpreußen
21. Januar 1945 bis 24. März 1945

Frieda Mattern, geb. Ehrich

Der unendlich lange Fluchtweg der Familie Frieda und Friedrich Mattern mit den Töchtern Ilse und Erika aus Ankern im Kreis Mohrungen, aufgezeichnet von Frieda Mattern geb. Ehrich, jetzt wohnhaft in 66871 Dennweiler-Frohnbach, Friedhofstraße 5.

Es ist Sonntag, der 21. Januar 1945, 21 Uhr als Herr Grapentin den Befehl zur Flucht bringt. In zwei Stunden müssen wir fertig sein. Die Front ist schon sehr nah. Vor Donnern und Dröhnen können auch unsere neun- und elfjährigen Mädchen nicht einschlafen. Ich packe, weiß aber nicht, was ich lassen oder mitnehmen will. Alles ist mir lieb und teuer. Da kommt mein Mann und sagt: „Nicht soviel einpacken, die Pferde schaffen es nicht." Auch unsere Evakuierten aus Insterburg haben viel eingepackt.

Die Kinder füttern noch einmal die Hühner, dem Hofhund wird reichlich Futter gegeben, Pferde, Kühe und Schweine versorgt und dann geht es um sieben Uhr am 22. Januar los.

Die Flucht vor dem Russen beginnt, doch wir haben die Hoffnung, bald wieder zurück zu kommen.

Die Straßen sind voller Flüchtlinge, Wagen reiht sich an Wagen. Wir nehmen Abschied voneinander. Herr und Frau Brausewetter stehen auch zur Abfahrt bereit und schließen sich uns an. Der Weg ist sehr vereist und mein Mann muß vorsichtig fahren, um nicht auch, wie viele andere Wagen im Graben zu landen. Wir gehen alle zu Fuß, 30 km bis Altdollstadt ist unser 1. Quartier. In der Schule heizen wir den Ofen, trocknen unsere nassen Strümpfe und machen unsere restliche Milch warm. Das Brot ist gefroren. Die Männer schlafen bei den Pferden, wir auf den Schulbänken. In der Nacht fällt viel Schnee. Die Straßen sind voller Soldaten, russischen Gefangenen und Flüchtlingen. Wir treffen zum letzten Mal unsere Nachbarn Neiritz und Schwarz (wurden von den Russen eingeholt). Um 13 Uhr beziehen wir in Oberkerbswalde unser Quartier, die Straßen sind überfüllt. Auf denParkettfußböden ist Stroh für uns Flüchtlinge ausgebreitet. Wir backen Brot und kochen Erbsensuppe.

Der Russe ist ganz nah. In Elbing wird geschossen. Bei uns bricht große

Panik aus. Mein Mann will zur Verteidigung hier bleiben. Ich bettele solange bis er doch mit uns kommt, dafür lassen wir 70 1^1/$_2$ Litergläser voll Fleisch, Kleider und Wäsche dort. Die Wehrmacht rüstet sich zur Verteidigung.

Durch tiefen Schnee führt ein Landweg zur Nogat, ein Nebenfluß der Weichsel. Die Pferde leisten Unvorstellbares. Der Fluß wird nachts überquert. Quartier finden wir in Mausdorf. Nur 3 km hinter uns ist der Russe. Es donnert und klirrt. Gerne hätten wir uns ausgeruht, doch es geht weiter, die ganze Nacht durch wird gefahren. Es ist bitterkalt.

Morgens um 5 Uhr stehen wir 7 km vor der Weichsel. Die Straßen sind total verstopft. In Dreierreihen sind die Wagen aufgefahren. Pferde und Menschen sind ganz weiß bereift, die Schuhe an den Füßen angefroren. Es ist alles ganz schrecklich.

In Vierzehnhuben werden wir mit Kaffee und Weißbrot versorgt. Wir wollen nur schlafen. Am 27. Jan. fahren wir über die Weichsel, bei Rotebude über eine Pontonbrücke. Viele umgekippte Wagen liegen an der Straße, herrenlose Pferde irren umher. Am 28. Jan. glauben wir uns in Sicherheit.

Bei der Glätte wäre auch unser Wagen fast umgekippt, in Käsemark. In Groß Zünder packen wir unsere schneebedeckten Betten in einer großen Stube zum Trocknen aus. Hier kaufen wir für 25 Reichsmark ein Kalb und schlachten es. Auf dem Flugplatz bei Praust ist ein großer Stau, Mensch und Tier frieren steif und sehnen sich nach einer Unterkunft, die wir dann auch in einer Gärtnerei finden. In aller Frühe geht es weiter durch Danzig nach Wonneberg. Alle zwei Schritte stehen die Wagen, die Pferde schaffen es nicht mehr. Meterhoher Schnee und Kälte bringen alles zum Erliegen, stundenlanges Warten folgt.

Am 2. Februar geht es durch Danzig-Oliwa in den Korridor bis Quassendorf, hier werden die Pferde beschlagen und wir stopfen unsere Strümpfe und Handschuhe. In Prethagen treffen wir die Familien Grapentin und Lerbs, und brechen am 6. Febr. wieder auf. In Neustadt/Westpr. sagt man uns, wir sollen die Seestraße durch ganz Pommern fahren, es erscheint uns unmöglich. In Knievenbruch möchte ein Bauer uns behalten, doch die Behörden befehlen „Weiterfahren"; ansonsten bekommen wir keine Essensmarken und kein Pferdefutter.

In Pommern werden wir und auch die Pferde meistens gut versorgt. In Stolpmünde schwitze ich Angst. Die SS kontrollierte die Pässe. Meinem Mann sagen sie, er solle sich, sobald die Familie in Sicherheit ist, sofort bei der Wehrmacht/Volksturm melden.

Als Menschen fühlen wir uns in Rügenwalde, wir können uns richtig waschen und schlafen in sauberen Betten.

Auf Gut Zuchen werden wir am 16. Februar gut bewirtet, doch bis Suhrenbohm, unserem nächsten Ziel, ist es noch weit. Die Kinder sehen dort erstaunt auf die Ostsee.

Da Herr Brausewetter erkrankt, dürfen wir einige Tage bleiben. In Kordeshagen suchen wir erneut einen Arzt auf.

Viele, viele Flüchtlinge kommen am 22. Febr. in Semerow beim Bürgermeister unter. Hier erleben wir Flakbeschuß, unsere Pferde sind uns fast weggelaufen. In Glaubeck gibt uns eine junge Frau mit 4 kleinen Jungen Unterkunft. Die Treckscheine werden in Treptow kontrolliert, für 8 Personen bekommen wir ein Brot und wenig Hafer für die treuen Pferde. Wir leben von unseren wenigen Vorräten.

Bei strömendem Regen landen wir bei Bauer Naß in Henkenhagen und erleben hier einen Backtag mit. Die Männer stehlen Heu für die Pferde. Dann geht es bei schönem Wetter weiter, viele Wagen fahren hintereinander, anhalten gibt es nicht, auch kein Quartier, wir bleiben auf der Dorfstraße stehen, hunderte von Wagen. Es ist nicht kalt. Nachts fahren wir in einen Wald und schlafen dort. Bei Gollnow kocht eine Frau uns Kaffee, wir waschen uns am Wegesrand. Hier treffen wir Frau Koy, eine Nachbarin von daheim. Ein Treck von 10 Wagen wird hier zusammengestellt. Es gibt Fliegeralarm. Der Tommy bombardiert die Autobahn. Wir bleiben verschont. Obgleich wir übermüde sind, fahren wir die ganze Nacht und kommen morgens um 5 Uhr über die Oder, lenken von der Autobahn ab und füttern unsere treuen Pferde.

Weiter geht es unter Bordwaffenbeschuß. Der Regen setzt ein, es stürmt sehr, wir haben Sand in den Augen. Wir sind dem Umfallen nahe als wir in Hohengüstrow Quartier finden.

Hier in der Uckermark bekommen die Pferde gutes Futter. Während wir noch schlafen, füttert die Bäuerin unsere Pferde. Es gibt aber auch Deutsche, die vor uns die Tür verschließen.

Am 5. März wird der Treck aufgelöst. In Neubrandenburg kommen wir in ein Massenquartier. Es gibt Fliegeralarm. Hier trennen sich die zwei Insterburger evakuierten Frauen Strohgrieß ohne Gruß von uns, obgleich wir bis hierher ihre 5 Säcke mit Zeug mitnahmen. Der Wagen ist jetzt leerer und für die Pferde leichter geworden. Den Pferden zuliebe bleiben wir hier einen Tag länger. Nicht unweit von uns fallen Bomben. Am 7. März treffen wir spät abends in Malchin ein. Ich habe einen Moralischen und mein Mann findet ei-

96

ne private Unterkunft für mich. Bei einem Fensterfabrikanten fühlen wir uns wohl. Unsere Tochter Erika bekommt Fieber, wir suchen uns in Groß Roge Unterkunft. Erika geht es nach einer Schwitzkur besser. Ich koche Bonbons. Unsere Fahrt geht weiter, immer durch Wälder bis Klüß. Es gibt ein gutes Quartier und für die Pferde reichlich gutes Futter, welch ein Trost.

Die Straßen sind überfüllt. In Beral suchen wir uns am 12. März selbst Quartier. Es regnet in Strömen. Vor Schwerin treffen wir viele Bekannte z. B. Tierarzt Hellwig. In Pingelshagen gibt es ein „fürstliches" Essen: Bratkartoffeln und viele Spiegeleier, Milchsuppe und Mirabellen bei netten Menschen, deren einziger Sohn gefallen war. Sie schenken uns noch einen Sack Kartoffeln. Gegen Abend sind wir in Gadebusch, Ratzeburg ist mit 1000 Wagen überfüllt. Wir suchen uns wieder selbst Quartiere. Nach einem Tieffliegeralarm müssen wir von der Straße und bleiben in Groß Grönau in der Pastorei, ein Massenquartier für Flüchtlinge. Hier besorge ich den Treckschein, auf dem es für Mensch und Tier Essen und Futter gibt. Mit großer Angst fahren wir durch Lübeck, doch alles geht gut.

Bei strömendem Regen fahren wir durch Bad Schwartau. Eine gütige Frau reicht mir während des Fahrens einen Regenschirm herauf. Ein gutes Quartier erwartet uns in Pansdorf beim Bauern Behrens auf dem Blumenhof. Doch auch hier wieder Fliegeralarm und Bordwaffenbeschuß, nachts fallen Bomben auf Lübeck. Es ist der 20. März 1945. Weiter geht die Fahrt wie üblich mit Fliegeralarm bis Neustadt. In Oldenburg erreicht uns die Nachricht, daß wir zu reichen Bauern auf die Insel Fehmarn kommen.

In Heiligenhafen ist die Marinekaserne unser letztes Auffanglanger. Alles ist gut organisiert, in sauberen Waschräumen können wir uns herrichten. Die Pferde sind 3 km weit weg untergebracht, so daß die Männer schon um 3 Uhr aufbrechen, um die Pferde zu füttern, denn um 8 Uhr müssen wir die Kaserne verlassen.

Der 23. März ist ein sonnenklarer Tag und wir sollen endlich unsere lange, lange Wagenfahrt beenden. Mit der Fähre fahren wir über den Fehmarnsund. Dort empfängt uns der Ortsbauernführer Peter Wohler aus Sulsdorf. Er bringt uns abends um halb 5 Uhr zu der Bäuerin Annemarie Kleingarn. Sie empfängt uns persönlich und weint. Allem Anschein nach denkt sie: „Dir könnte es auch so ergehen, daß Du eines Tages so arm und ohne Heimat dastehst wie diese ostpreußische Bauernfamilie."

Diese Zeilen schreibe ich als Erinnerung an die Flucht aus Ostpreußen, und warte so sehnsüchtig auf eine Rückfahrt dorthin.

Ankern, Kreis Mohrungen Regierungsbezirk Königsberg Ostpr.
21.1.1945

Im Morgen überal Anschläge: Wer von Flucht spricht, ist ein
Verräter und wird erschossen.
Am Abend 21 Uhr Fluchtbefehl, sofort los.
Wir verlassen unseren Hof am 22.1.1945 um 7 Uhr früh.
Zwei Rappstute mit der Eichschansel und ein nicht ein=
getragenes Pferd, sind angespannt. Die einjährige Zuchta
mit der Eichschansel bleibt im Stall zurück.
Es war schwer zu fahren 50 cm Schnee 30 Grad Frost. Es
mussten Ruhetage eingeschalten werden. Herr und Hader
hat viel Geld gekostet.   Frieda Mattern

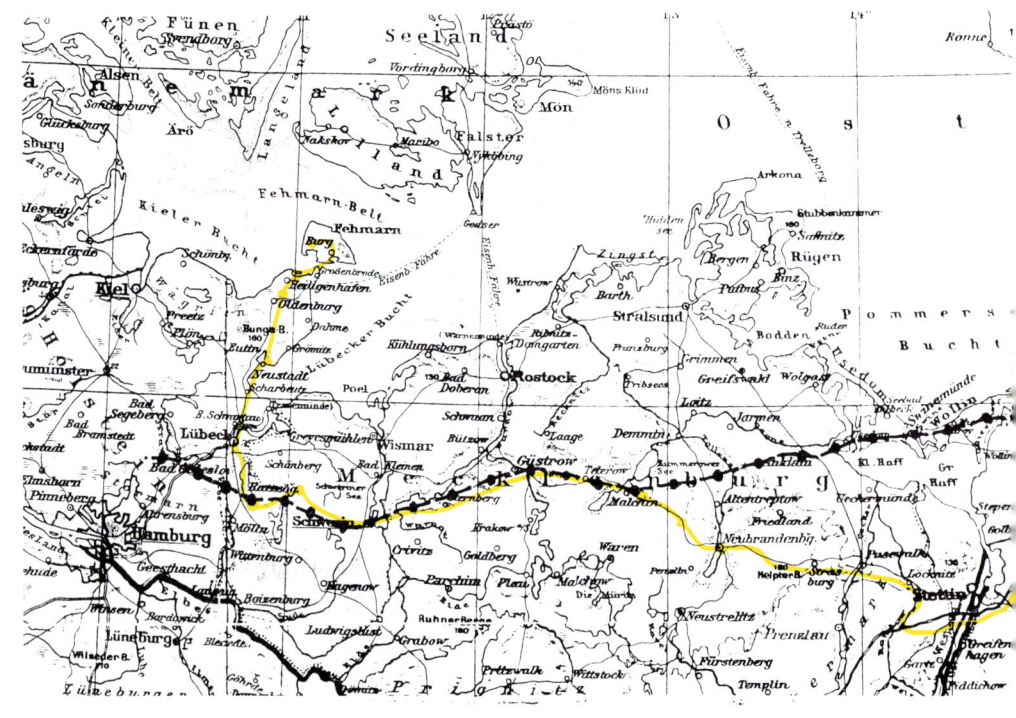

Flucht aus Ostpreußen 1945

Altdollstad 22. 1. 45
Oberkerbswalde 23. 1. 45
Mansdorf 24. 1. 45
Vierzehnhuben 26. 1. 45
Käsemark 27. 1. 45
Gr. Zünder 30. 1. 45
Wonneberg 31. 1. 45
Quissendorf 2. 2. 45
Prethagen 4. 2. 45
Kuiwenbruch 7. 2. 45
Gr. Zünder 8. 2. 45
Poblotz 9. 2. 45
Gutsmoor 10. 2. 45
Wobeede 11. 2. 45
Schlakow 14. 2. 45
Stolpmünde 15. 2. 45

Rügenwalde 16. 2. 45
Gut Zuchen 17. 2. 45
Sorenbohm 18. 2. 45
Kordeshagen 20. 2. 45
Semerow 22. 2. 45
Glaubeck 23. 2. 45
Trebtof 25. 2. 45
Zükwik 26. 2. 45
Henkenhagen 28. 2. 45
Gollnow 1. 3. 45 o. 29. 2. 45
Hohengüstrow 2. 3. 45
Augustenfelde 3. 3. 45
Gut Schleppos 4. 3. 45
Neu-Brandenburg 5. 3. 45
Alt Kebelisch 6. 4. 45
Malchin 7. 3. 45

Gr. Roge 9. 3. 45
Klüss 10. 3. 45
Wezin 11. 3. 45
Beral 12. 3. 45
Pingeshagen 14. 3. 45
Gadebusch 16. 3. 45
Ratzeburg 17. 3. 45
Gr. Grönau 18. 3. 45
Lübeck 19. 3. 45
Pansdorf 20. 3. 45
Neustadt 21. 3. 45
Oldenburg 22. 3. 45
Heiligenhafen 23. 3. 45
Sulsdorf a. Fehmarn
24. 3. 45

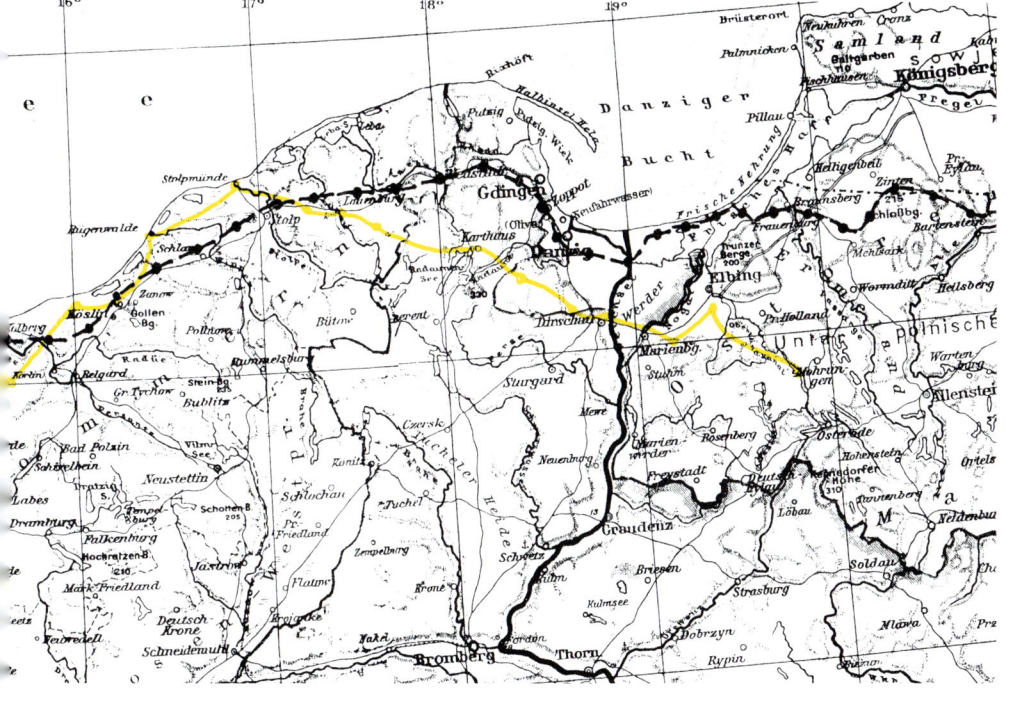

Flucht aus Ostpreußen

Ursula Henseler, geborene Melzer, war von 1943 bis 1945 Schulhelferin in Liesken. Sie stammt aus Friesland / Ostpreußen. Als junge Frau nahm sie an der Flucht der Liesker teil. Sie gab unter Ergänzungen von Lisbeth Boettcher, Hanna Friedrich, Martha Kinder, Hertha Nitsch, Ernst Witt und Jochen Zimmer einen eindrucksvollen Bericht von der neunwöchigen Flucht aus Ostpreußen.

Für Hertha Nitsch und Hanna Friedrich dauerte die Flucht mit der zweiten Gruppe der Liesker bis zum Mai 1946.

„Zu Beginn des Kriegsjahres 1945 war ersichtlich, daß die Kriegsfront in Ostpreußen verlaufen würde. Dennoch durften die Liesker nicht eher auf die Flucht gehen, als die umliegenden Dörfer geräumt wären. Amtsrat und Bürgermeister hatten den Befehl des OKH (Oberkommando des Heeres) abzuwarten. Und von dort hieß es, erst müßten die Remonten fortgebracht werden. Als Amtsrat Löffelbein Soldaten zur Begleitung der Remonten anforderte, bekam er vom OKH zur Antwort, es seien keine Soldaten da, die Liesker Leute sollten selbst die Remonten fortführen. Amtsrat Löffelbein entgegnete darauf, daß er nur noch ein paar Männer habe, die die Treckwagen führen müßten. Das OKH antwortete kurz, daß dann die Liesker Frauen die Pferde begleiten sollten. Darauf ließ sich der Amtsrat nicht ein und erwiderte, daß dies für die Frauen unzumutbar wäre, da sie dann ihre Kinder zurücklassen müßten. Schließlich schickte das OKH am 27. 1. 1945 Soldaten aus Bartenstein, die zusammen mit den Liesker Remontewärtern die Remonten zum Haff führten.

Die Einwohner des Heeresremonteamtes Liesken hatten vom OKH Befehl, bei einer notwendig werdenden Flucht nach dem Heeresremonteamt Neuhof bei Treptow zu trecken. Als die Russen die Front durchbrachen und auf Elbing zu marschierten, kam ein anderer Befehl, nämlich nach Pillau zu gehen und von dort per Schiff nach Danzig zu fahren.

Als Treckwagen waren die großen Ackerwagen schon ein paar Tage vorher mit Planen überspannt, am 28. 1. 1945 in der Frühe mit Hafer und Heu für die Pferde beladen worden. Zum Verstauen der persönlichen Habe wurden die Wagen anschließend in den Ort gefahren, Acker- und Gespannpferde sollten die Wagen ziehen. In Liesken hieß es, daß für 14 Tage Proviant mitzunehmen sei.

Am 28. 1. 1945 vormittags verließ der Treck Liesken.

Die Leute vom Vorwerk Dompendehl kamen mit ihren Wagen nach Liesken und schlossen sich dem Treck an, die Belegschaft vom Vorwerk Sauerschienen hatte ihren Ort schon verlassen und war alleine losgezogen.

Amtsrat Löffelbein, Oberstabsintendant Zimmer, Heeresfuttermeister Fuchs und Schmiedemeister Gnaß führten den Treck in Militäruniform. Dadurch wurde der Treck als „Militärtreck" von der Bevölkerung erkannt.

Schon tagelang hörten wir Detonationen in der Nähe, besonders am Sonnabend. Da hatten die Russen den provisorischen Flughafen in Schippenbeil gesprengt. Das elektrische Licht fiel aus, nachdem die Russen auch das Kraftwerk in Friedland besetzt hatten.

Uns in der Schule hatten sie natürlich „vergessen". Die Schule lag etwas abseits. Frau Manske, die Lehersfrau, ließ mich immer wieder fragen, ob es soweit sei. Wir, das heißt die Lehrerfamilie, meine Kollegin Ursel Bolz und ich, wurden dann doch noch mitgenommen. Die letzten waren die Mutter von Vera Strauß und Dehns; sie konnten, wie auch einige andere junge Familien, fast nichts mitnehmen. Die Wagen waren übervoll.

Es war strahlender Sonnenschein, aber eisig kalt, so etwa minus 20 Grad, als wir am 28. 1. 1945 loszogen. Uns jungen Leuten war das ja zunächst interessant. Wir hatten aber auch Angst, man hatte schon zuviel gehört, z. B. von Nemmersdorf, wo die Russen im Herbst eingefallen und wieder zurückgeschlagen worden waren. Sie hatten furchtbar unter der Zivilbevölkerung gewütet.

Wir hatten etwa 62 Pferde, die die großen Leiterwagen vierspännig und die anderen Kastenwagen zweispännig zogen, hinten denen noch Kutschen zum Lastentransport angebunden waren. Amtsrat Löffelbein hatte eine geschlossene Kutsche für seine Familie und sich. Familie Zimmer fuhr in einer halboffenen Kutsche. Auf jedem großen Erntewagen saßen 25–32 Menschen mit Gepäck. Es war schon in Liesken festgelegt worden, wer auf welchem Wagen mitfuhr. Mit uns kamen noch 4 oder 5 belgische und französische Kriegsgefangene , die in Liesken gearbeitet hatten. Sie lenkten als Kutscher die großen Wagen. Auch 15–16jährige Jungen haben die großen Wagen geführt, wie z. B. Horst Strauß, Fritz Lauschke, Gerhard Kinder.

Zu dieser Zeit saß ich noch ab und an auf dem Wagen, in dem sich Familie Manske befand, als wir zuerst die ganze Nacht durchfuhren. Und dann wurde in einem Wald gehalten: Das Brot war teilweise schon gefroren, aber viele Leute hatten sich einfach daraufgesetzt, und dann konnte man es essen. Am nächsten Tag ging es weiter.

Eigentlich sollte der Treck über Kreuzburg nach Köngsberg gehen, aber da waren die Russen schon durchgebrochen, so daß wir, nachdem wir an Pr. Exlau vorbeigefahren waren, wo schon der Nordrand der Stadt brannte, bei Stablak wendeten und in Richtung Zinten weiterfuhren. Uns hatten entgegenkommende Soldaten berichtet, daß der Russe schon weit vorgedrungen war, daß wir bei Kreuzburg nicht mehr durchkämen und nun wurde beschlossen, die Nacht durchzufahren. Die Soldaten riefen uns zu: „Kehrt bloß um, ihr lauft den Russen in die Arme!" Trude Nitsch ließ sich aber nicht aus der Ruhe bringen und sagte: „Ick hebb Hunger, ick kok mine Klopse hier."

Hungrig und durstig waren wir alle. Wir hielten also an einer großen Hofmauer an und Trude Nitsch machte in einem Marmeladeneimer ein Feuerchen und briet ihre Klopse. Auf einmal bemerkte ich, daß es immer so komisch peitschte. Da haben uns die Russen schon beschossen. Na, wir alle hinter die Wagen und dann gings aber im Galopp auch über Sturzäcker zurück nach Zinten. Vor Heiligenbeil fuhren wir auf eine Kreuzung zu, wo sich Haupt- und Nebenstraßen kreuzten. Die Zufahrtswege standen voller Trecks und auf der Hauptstraße flutete das Militär in großen Autos zurück. Um überhaupt auf die Hauptstraße zu gelangen, übernahm Schmiedemeister Gnaß das Kommando, stellte sich in die Mitte der Kreuzung wie ein Verkehrspolizist und schrie: „Straße frei, Militär, Militär!" Wagen an Wagen fuhr im schnellsten Galopp auf die Hauptstraße, und nur so hatten wir die Möglichkeit gehabt, den Russen in Richtung Braunsberg zu entrinnen. Nach drei Tagen hatten wir die erste Tote, eine ältere Frau Hasch, „Hoflina" genannt.

Viele Male fuhren wir mit den großen Wagen über Feld- und Waldwege, manchmal auch über Sturzäcker, und es war bitterkalt.

Dort kippte auch ein Treckwagen um, mußte mühselig abgeladen und wieder aufgerichtet werden. Und das in der Nacht! Treckleiter war Schmiedemeister Gnaß.

Zu diesem Zeitpunkt war Bürgermeister Zimmer nach Landsberg gefahren, um zu sehen, ob man über Elbing weiterkommen konnte. Die Russen hatten ihm aber den Rückweg abgeschnitten, so daß er nicht zum Treck zurückkehren konnte, Amtsrat Löffelbein war noch da.

Die Pferde wurden nun schon ziemlich hungrig, sie hatten 3–4 Tage nichts zu fressen bekommen, und draußen tobte ein Schneesturm. Wir rasteten in einer Försterei. Es waren nur zwei Häuser und eine Scheune vorhanden. Viele Pferde standen draußen. Da sah ich in der Ferne Licht, ging über den Sturzacker und fragte die Leute nach Milch. Auf meine Frage, wie das nächste Dorf heiße, sagten sie: Arnstein, das sei 7–9 km weit weg. Ich bekam Milch für die Kinder.

Da kam mir ein waghalsiger Gedanke, und ich sagte zu Schmeidemeister Gnaß: „Ich weiß, wo ein großes Dorf ist. Dort sind Katholiken und die sind immer sehr großzügig und gutmütig. Können wir da nicht mit den Pferden hinreiten?" „Bist Du verrückt?" antwortete er. „Du alleine mit den Pferden? Du dammliche Marjell!" Na, ich habe mit Morwinski geredet, mit Lauschke, mit August Nitsch und den Jungen Horst Strauß und Fritz Lauschke, auch mit Robert Dehn und gefragt, ob sie mitkommen. „Jo, wenn Du dat sächst." Gesagt, getan. Jedenfalls rief mir Gnaß noch nach: „Wenn Du morgen früh nicht hier bist, laß ich Dich erschießen!" (War natürlich Spaß).

Und wir sind tatsächlich mit allen Pferden bei Nacht und Schneetreiben nach Arnstein geritten und haben auch hingefunden. Wir konnten uns bloß nach den Bäumen und Telegraphenmasten richten. In Arnstein haben wir uns beim Bürgermeister gemeldet, der war noch da und fragte, ob ich alleine sei. „Nein", entgegnete ich, „es sind noch ca. 20 Knechte mit und alle unsere Pferde. Mir kommts aber eigentlich nur auf die Pferde an, die haben seit Tagen nichts zu trinken und zu fressen bekommen. Können wir hier etwas für die Pferde bekommen?"

„Na ja", meinte er schließlich zögerlich, „es ist ja egal, wir müssen auch von hier weg, geh man mit in die Scheune." Die Pferde bekamen daraufhin Hafer. Am nächsten Tag wurden sie getränkt. Und ich selbst hatte noch nie ein so schönes Essen gehabt: abends gab es heiße Milch mit Schmalzbrot und am nächsten Morgen – ich hab mit dem Kleinsten, Fritz Gnaß, in der Amtsstube übernachtet – süßen schwarzen Kaffee und Schmalzbrot. Herrlich, werde ich nie vergessen!

Nachdem wir wieder bei den anderen an der Försterei ankamen, sagte Schmiedemeister Gnaß: „Weißt, ich hab ja nicht geglaubt, daß ihr hinfindet."

Am nächsten Tag fuhren wir bis Tiefensee. Das war ein größerer Ort. Da wollten wir bleiben und ausruhen. Und dort entdeckten wir einen Soldaten aus dem Panzerregiment „Groß Deutschland", das vorher wochenlang in Liesken einquartiert gewesen war. Da hab ich „meinen Alten" kennengelernt. Wir hatten uns in Liesken schon bei Lehrer Manske gesehen. Auch Fräulein Allenstein kam ganz aufgeregt angelaufen und rief, daß sie die Soldaten von „Groß Deutschland" sogar kenne. Jetzt lag die Einheit im Nachbardorf. Auf einmal kamen Soldaten mit einem Kübel Suppe an. Das war nach sechs Tagen für viele auf dem Treck das erste warme Essen.

Und mein Georg brachte mir eine Pelzjacke und warme Filzstiefel und eine Felltasche mit Marschverpflegung – Schokolade, Kekse usw. Sie wollten uns auch noch mehr Verpflegung geben, die wir abholen sollten. Ich machte mich mit Horst Strauß und Fritz Lauschke auf den Weg ins Nachbardorf, 2–3 km. Alles voller Flüchtlinge. Wir fanden die Einheit, sie gaben uns ordentlich zu essen, und die Bengels waren so übermüdet, daß sie gleich einschliefen. Und ich saß da und hab mich mit dem Georg unterhalten. Da wurde schon gesagt, daß wir bei Elbing nicht mehr durchkämen. Inzwischen kamen die Jungen wieder zu sich, wir wollten zum Treck zurück. Wie wir uns so umsahen, war nur noch ein Pferd da, die beiden anderen waren weg. Wir hatten ja offiziell nur ein Pferd bekommen, die beiden anderen hatten wir so mitgenommen, ohne daß Schmied Gnaß etwas davon wußte.

Was denkst du, was wir die Pferde gesucht haben! Wir haben sie dann auch gefunden. Sie waren schon vor andere Flüchtlingswagen gespannt worden. Aber unsere Jungens erkannten sie auch ohne ihr Zaumzeug, das fanden wir auch noch.

Den anderen haben wir nichts davon erzählt.

Hier hieß es noch, wir müßten weiter nach Elbing, aber ich flüsterte Schmied Gnaß zu: „Wir werden übers Wasser müssen. Wir müssen übers Eis (Haff). Die Soldaten von „Groß Deutschland" haben gesagt, daß die Russen uns bei Elbing nicht mehr durchlassen." „Bist du verrückt?" erwiderte er.

Das war auf dem Weg Richtung Braunsberg.

Das Wetter schlug um, es kam Tauwetter.

Braunsberg wurde von russischen Tiefffliegern bombardiert. Der Treck war auf einem großen Kasernengelände (Landesgestüt?) am Stadtrand untergebracht. Die Frauen schliefen mit den Kindern dicht an dicht auf einem großen leeren Heuboden der dazugehörigen Stallungen. Was haben wir nur gefroren! Die Pferde mit den Treckwagen hatte man auf dem Kasernenhof nebeneinander gefahren. Am nächsten Tag kamen die Russen wieder und warfen Splitterbomber aus ihren Flugzeugen, eine Woge nach der anderen. Alle Liesker, die auf dem Heuboden gelegen hatten, stürzten die eine Treppe hinunter. Es war unbeschreiblich. Unten angekommen stoben sie nach allen Seiten auseinander. Eine Bombe riß eine Wand ein, und Hertha Heldt, die dahinter stand, wurde von einem großen Mauerbrocken im Rücken getroffen. An den Verletzungen ist sie später gestorben. Die Mütter versuchten so gut wie möglich ihre Kinder zu schützen. Das Bombardement hatte morgens früh um 5.45 Uhr begonnen und dauerte noch um 14 Uhr an. Es war ein Wunder, daß die Wagen mit den Gespannen trotz der herumfliegenden Dachziegel und der in Flammen stehenden Stallungen unversehrt auf dem Hof standen. Schließlich befahl Schmied Gnaß die Wagen fertig zu machen und auf Umwegen kam der Treck auf die Straße nach Frauenburg. Eine Zeitlang stand er auf der Chaussee vor Frauenburg und wurde von russischer Artillerie beschossen. Die Einschüsse gingen aber über die Köpfe hinweg, so daß niemand zu Schaden kam.

Indessen fuhren Hedwig Reimer und Amtsrat Löffelbein zum Haff, um zu sehen, ob der Treck noch über das Eis gehen konnte. Frauenburg war am Vortag bombardiert worden und brannte. Sie kamen aber mit der Nachricht wieder, daß nur noch das Militär übers Haff gehen durfte, das Eis wäre schon zu brüchig.

Daraufhin sind sie nochmals zum Kommandeur gegangen und erhielten schließlich die Erlaubnis, im 50 m Abstand zu jedem Wagen übers Eis zu gehen, da die Liesker als Militärtreck galten.

Ich habe an jenen Tag noch besondere Erinnerungen. Die Bomben fielen auf das Kasernengelände, und ich bekam Angst und lieg mit einer Menge Leute zu einem Teich in der Nähe. Ich dachte, es wären die Liesker, aber es waren alles fremde Menschen. Und über uns die „Rattas", so nannten wir die russischen Flugzeuge. Wenn sie ihre Bomben abwarfen, klang es wie eine alte Nähmaschine. Seit diesem Bombenangriff haben wir nie wieder etwas von Ursula Bolz gehört.

Es wurde dunkel und kalt, ich lief zurück nach Braunsberg, aber der Treck war weg, ich fand niemanden mehr. Ich wußte aber, daß es in Richtung Frauenburg gehen sollte, etwa 12 km. Da traf ich auf der Straße einen Soldaten, der auch nach Frauenburg wollte. Wir beide gingen los, das war besser so. Es war ja Krieg und die Männer teilweise „ausgerastet": Russen wie Deutsche. Als Mädel alleine wäre ich wohl nicht nach Frauenburg gekommen. Er war verheiratet, Westphale, seinen Namen weiß ich nicht mehr. Es war schon dunkel, als wir nach Frauenburg kamen. Durch die Stadt konnten wir nicht, sie war von den Russen bombardiert worden. Daraufhin ist er mit mir durch Gärten, durch Küchen, ich weiß nicht mehr, wodurch gegangen, bis in sein Quartier. Dort hat er mir eine Stulle Brot gemacht. Danach bekam er Erlaubnis, mit mir den Treck zu suchen. Es war erschütternd zu sehen, wie teilweise überstürzt die Einwohner aus ihren Wohnungen geflohen waren: z. B. stand auf einem Küchentisch noch eine Kanne mit warmem Kaffee, das Essen auf dem Herd.

Die Trecks standen alle schon am Haff. Wir suchten und suchten.

Auf einmal hörte ich jemand das Lied pfeifen: „O Marienka, du kannst küssen." Das war damals ein bekannter Schlager. Jetzt wußte ich, wo der Treck stand. Krauses Jungens pfiffen immer dieses Lied. Dadurch fand ich die Liesker wieder, die im Begriff waren, übers Haff abzufahren. Tausende von Menschen waren unterwegs. Viele hatten alles am Ufer stehengelassen. Abends marschierten wir los. Am Tag vorher waren die Liesker Remonten an dieser Stelle übers Eis gegangen. Es lagen viele Pferdekadaver auf dem Eis, und es gab schon große Löcher."

(Die Remonten, die Strapazen nach dem langen Marsch überlebt hatten, waren dann tatsächlich in Grabau angekommen. Durch die Aufnahme eines weiteren Gestüts in Grabau war hier kein Platz mehr, und die Remonten wurden nach Schönböken gebracht. Aussage des Polen Kasimir Duczak, 1993, der während des Krieges in Grabau als Gestütswärter gearbeitet hatte.)

„Und die vielen Menschen! !

Wie schon gesagt, weil unsere Wagen so groß waren, sollten wir im Abstand von 50 m fahren. Das wurde schnell organisiert. Wir waren eine ganze Menge junger Leute, auch junger Mädchen wie Renate Gnaß, Meta Gnaß, Gerda Pelk, ich … und hatten das so ausgemacht: einer blieb an einem Loch stehen und wartete, bis das nächste Fuhrwerk kam, hat es herumgeleitet, und dann blieb wieder einer von dem Fuhrwerk stehen, und leitete das nächsten Fuhrwerk um das Loch.

Wir haben keine Verluste dadurch gehabt, aber so auf halber Strecke hieß es auf einmal, da ist eine Fahrrinne, dort sind Pontons gelegt, dort müssen wir sehr gut aufpassen. Das Militär hatte vergessen, daß die Flüchtlinge über das Haff gehen mußten. Sie hatten vordem Minenräumer nach Königsberg gebracht und die Fahrrinne mit dem Eisbrecher aufgebrochen.

Darum lagen dort Pontons. Manche schafften den Zugang zu den Pontons nicht, das Eis war ja auch schon brüchig. So haben wir gesehen, daß ein ganzer Bus, vollbeleuchtet, unterging. Ob Menschen darin waren, wußten wir nicht, das Licht brannte noch vorne, bis er ganz untergetaucht war.

Auch tote Menschen lagen auf dem Eis. Man schubste sie zur Seite, weil ja alle weiter mußten. Die Frau von Schmied Gnaß saß im Wagen mit kranken Beinen und hatte große Angst vor dem Eis. Schmied Gnaß hatte uns eingebläut: „O, was fahren wir bloß auf einer schönen Chaussee, was ist sie bloß glatt, nicht ein Hupper hier." Erst am nächsten Tag erfuhr sie, daß wir übers Eis gegangen waren. Einige andere gerieten in Panik.

Zu diesem Zeitpunkt brannte Elbing schon.

Vater Gustav Thuso, beim Volkssturm eingezogen, befand sich ebenfalls auf dem Haff. Der Verpflegungswagen, den er zu führen hatte, war eingebrochen. Da vernahm er auf einmal vertraute Laute und erkundigte sich bei den vorbeigehenden Frauen, woher sie kämen. Als sie antworteten … aus Liesken", fragte er nach seiner Tochter Lisbeth Boettcher und schloß sich dem Treck bis Danzig an. Dort mußte er sich allerdings wieder beim Militär melden.

Am frühen Vormittag kamen wir 2 km vor Kahlberg auf der frischen Nehrung an. O Gott, waren dort Menschen! Und Unrat und weggeworfene Rucksäcke und liegengebliebener Hausrat und verendete Tiere und Kinderwagen mit toten Säuglingen! Wo hätte man sie in diesem Durcheinander beerdigen können? – Militär und Flüchtlinge und Wagen auf der einen Straße, die es nur auf der Nehrung gab. Wir hatten größte Mühe, den Treck zusammenzuhalten. In jede kleine Lücke schoben sich fremde Treckwagen, alles drängte nach Westen. 24 Stunden standen wir dann auf einem Fleck! Und der Hunger kam. Wir warnten alle davor, rohen Schnee zu essen, wegen Typhus. Aber Kaffee und Tee haben wir damit gekocht.

In Kahlberg konnten wir Brot kaufen. Ob es am selben oder am nächsten Tag weiterging, weiß ich nicht mehr, ich bin nach dem langen Fußmarsch auf dem Wagen von Familie Manske eingeschlafen.

Von Kahlberg aus wurden verwundete Soldaten und Flüchtlinge, die zu Fuß unterwegs waren, auf Schiffe verladen, wir kamen nicht durch.

Am nächsten Tag ging es ganz langsam weiter. Aus Kahlberg mußten wir heraus. Alles war voller Flüchtlinge, und es kamen immer mehr über das Haff nach. Geschossen wurde von allen Seiten.

Auf einmal hieß es wieder, wir müssen übers Eis nach Westen, die Straße ist verstopft. Aber statt uns an der Ostseeseite über den gefrorenen Sand zu schicken, ging es wieder übers Haff. Es wurde schon dunkel, und das Wasser stand durch das Tauwetter schon sehr hoch! Das haben wir erst gemerkt, als wir eine Weile gefahren waren. Alle, bis auf Kinder, Alte und Kranke, mußten zu Fuß im Wasser gehen. Für einige Zeit konnte ich mich auf Fritz Lauschkes Pferd setzen, auf eins, das hinten am Wagen angebunden war. Plötzlich hörte ich: „Mamma, Mamma!" Ich sah, wie Kurt Kinder schon bis zum Bauch im Wasser stand, erwischte den Bengel und konnte ihn rausziehen. Stellenweise stand das Wasser schon bis zu den Radachsen. Kurz vor Vogelsang, wo wir wieder an Land gingen, brach der drittletzte Wagen ein. Der Wagen mußte abgepackt werden, alle mußten etwas an

Land schleppen, dann konnte man ihn aus dem Wasser ziehen. Daß wir in der Nacht aber so glimpflich über das Eis gekommen waren, geschah wirklich nur mit Gottes Hilfe.

In Vogelsang ging es durch Wald in die Weichselniederung. Dort sind wir in Holzhäusern – ich habe sie als Ställe angesehen – untergebracht worden. Der Ort hieß Stuthof. Hier trafen sich viele Verwandte und Bekannte wieder, die auf andere Weise dorthin gelangt waren.

Die Sonne schien an diesem Sonntag warm. In die Holzhäuser waren zwei Bretteretagen gezimmert. Ich wußte nicht, wofür sie eigentlich bestimmt waren. Wir haben erst später erfahren, daß Stuthof und Stegen als Konzentrationslager gedient hatten. Mir ging es da vor Hunger schon sehr schlecht. Frau Hasch sprach mir aber zu, ein paar Kartoffeln zu essen. Danach fühlte ich mich wirklich besser.

Bei Käsemark setzten wir über die Weichsel. Frau Hedwig Reimer hatte die Soldaten ordentlich mit Zigaretten bestochen, und dann ließen sie uns auf die Fähren, und wir kamen gut rüber. Von dort ging es in Richtung Danzig. Ein Beauftragter der Danziger Stadtverwaltung teilte den Leuten Unterkunft zu. Im Kino am Bahnhof in Danzig saßen viele von uns drei Tage, wir konnten nicht weiter. Die Pferde mit den Treckwagen standen auf dem Marktplatz von Danzig in langen Reihen.

Mit den Familien Reimer, Manske und Kinder fanden wir Unterkunft in einem großen Haus. Stroh war zum Schlafen ausgelegt. Naßkalt war es und wir alle durchgefroren. In einer Stube gab es einen schönen großen Kachelofen. Also sammelte ich Papier und Holz, alles, was so herumlag, um ein Feuerchen zu machen. Ich versuchte das Holz in den Ofen zu stecken, kam aber nicht weiter, sah nach und hielt eine Konservendose in der Hand, dann noch eine und noch eine und noch eine … Da hatte sich jemand ein Versteck angelegt. Rindfleisch in Wehrmachtsdosen! Davon haben wir uns erst einmal eine Mahlzeit gekocht.

In Danzig mußten sich alle Männer von 16–60 Jahren beim Militär melden. Wer nicht ging und man fand ihn, wurde erschossen, aufgehängt, mit einem Schild um den Hals: „Ich bin ein Feigling."

Der nächste Aufbruch nach Gdingen erfolgte bei furchtbarem Unwetter. Und hier wurden wir von der deutschen Feldgendarmerie „gefilzt", ob wir vielleicht Wehrmachtsangehörige auf den Wagen hätten. Mein Georg hatte mir einen schönen Mantel gegeben, auch Filzstiefel. Noch zuhause hatte ich mir eine Kaninchenfellmütze genäht. So sah mich einer der Soldaten und rief: „Gib den Mantel her, das ist Wehrmachtseigentum." „Ne", sagte ich und lief weg, hinter den nächsten Wagen, über die Deichsel, in den übernächsten Wagen rein. Die Leute halfen mir. Er hinterher, fluchend: „Ich krieg dich noch, du mußt den Mantel abgeben, du wirst festgenommen." Ich zog in aller Eile den Mantel aus, eine alte Frau setzte sich darauf, und ich versteckte mich in einem anderen Wagen.

In Gdingen hat es geschneit, faustgroße Schneeflocken. Wir waren alle furchtbar naß. Wo wir nach Gdingen gerastet haben, weiß ich nicht mehr, das nächste Ziel war Lauenburg / Pommern. Von dort gelangten wir in ein Dorf vor Neustadt / Pommern. In Neustadt / Pommern haben Amtsrat Löffelbein, Futtermeister Fuchs und Schmiedemeister Gnaß durchgesetzt, daß der Treck durch ein offizielles Schreiben der dortigen Kommandantur als Militärtreck anerkannt wurde.

Jeden Tag ging es weiter, ganz weit entfernt hörten wir Geschützdonner aus der Tucheler Heide. Allerdings hatten wir auf der Nehrung schon gesehen, daß Elbing brannte, da wären wir nie druchgekommen!

Die nächsten Ziele waren Stolp, Schlawe, Köslin. Irgendwie haben wir immer auf Gutshöfen übernachtet. Bei den Pferden gab es auch schon Ausfälle. Futtermeister Fuchs mußte sich melden und bekam dann Ersatzpferde von den Wehrmachtsämtern.

Fräulein Allenstein hatte die Aufgabe, mit den Gemeinden zu telefonieren, die voraussichtlich erreicht wurden und Quartier zu besorgen.

Mit dem Verpflegungswagen, den Horst Fuchs lenkte, sind Frau Boettcher, Otto Knebel und Fritz Morwinski vorgefahren und haben in Städten, in denen es Verpflegungsämter gab, Bezugsscheine über Pferdefutter und die Verpflegungsämtern und fuhr weiter in das geordete Quartier.

Frau Boettcher und ihre Begleiter haben in den Städten bei Bäcker, Schlachter und anderen Kaufleuten Brot, Wurst, Käse, Kaffee usw. auf die Bezugsscheine erhalten.

Dann wurde es so geregelt, daß der nächste Tag als Ruhetag galt.

Welche Portion jeder bekam, errechnete Frau Boettcher, Schmiedemeister Gnaß teilte auf, Otto Knebel und Fritz Morwinski legten die Lebensmittel auf eine Zeltplane. Dann wurde bekanntgegeben, daß nun die Verteilung anstand, und laut Liste bekam jede Familie ihre Portion, die die Frauen in den damals üblichen großen Schürzen, die sie immer trugen, abholten.

Das nächste Quartier hieß Henkenhagen an der Ostsee. In Henkenhagen ist Hertha Nitschs Tochter beerdigt worden, wir hatten einige Todesfälle, auch die wurden dort beerdigt. Die Säuglinge sind fast alle gestorben, außer Benno Graustein und Sigrid Stahl.

Es mag der 18. Februar gewesen sein.

Von dort ging es nach Kolberg, wo Familie Manske und ich in einem Hotel in der Bettenkammer übernachteten. Dort wurden wieder Pferde vom Militär eingetauscht.

Bis Treptow / Rega waren wir ein Treck. Hier wurde der Treck geteilt. Ein Teil kam nach Suckowshof (Vorwerk vom Remonteamt Neuhof), der andere Teil nach Neuhof. Dazu gehörte ich. Wir blieben eine Woche.

Dort starb Manfred Kinder, verhungert auf dem Schoß seiner Mutter. Sie konnte ihn nicht mehr stillen, und andere Milch war für die Säuglinge unterwegs nicht zu bekommen.

In einem Backhaus konnten wir Brot backen. Wir, Familie Manske und ich, wohnten bei der Lehrerfamilie Brederlow in einem Zimmer. Sie hatten wunderbare Pflaumenkreude gekocht. Andere hatten es nicht so gut, sie schliefen in Hausfluren auf dem Boden.

Laufend kamen schlechte Nachrichten: die Russen sind schon in Schlawe, die Russen sind schon in Malchin, jetzt in Köslin. Dann hörten wir, sie sind schon in Kolberg, Fräulein Allenstein und Frau Boettcher wechselten sich im Büro des Remonteamtes Neuhof in der Telefonwache ab. Und am Sonnabend hieß es spät abends vom OKH, unser Ziel sei das Heeresremonteamt Grabau, und morgen um 8 Uhr ginge es weiter. 8 Uhr war Schmied Gnaß zu spät, er ordnete die Abfahrt zu 6.30 Uhr an.

Betten und Hausrat hatten wir wieder eingepackt, bei fürchterlichem Dreck auf dem Gutshof, und machten uns auf den Weg nach Treptow. Die Stadt war voller Flüchtlinge, wir kamen nicht weiter. Ab 9.30 Uhr standen wir auf dem Marktplatz. Ich sah auf die Uhr am Markt. Wir hörten, daß die Russen bei Kolberg durchgebrochen waren. Schmiedemeister Gnaß drängte fortwährend: „Wir müssen hier weg, wir müssen hier weg. Wir können auf die „Suckowshofer" (anderer Teil des Trecks) nicht mehr warten." Da sind wir dann alleine weiter gefahren auf der Straße nach Cammin. In irgendeinem Dorf zwischen Treptow und Cammin haben wir noch in einem Kuhstall übernachtet. Es war ganz schlecht durchzukommen, und wir fuhren schon im Galopp, weil wir beschossen wurden. Dann kamen wir nach Cammin hinein. Dort fuhren wir, wieder im Galopp, links auf den Bürgersteigen weiter, weil kein Durchkommen war. Und wer unsere großen Wagen kommen sah, der sprang schon zur Seite. Auf der Straße standen die Trecks in drei Reihen.

Dort sahen wir einen ganzen Trupp kleiner Jungen mit Kochtöpfen auf dem Kopf statt Helmen, die sollten die Russen aufhalten! Irrsinn!

In Cammin ging's nicht weiter. Alles staute sich vor einer Zugbrücke. Soldaten bewachten die Brücke vom Brückenhaus aus. Schüsse peitschten um uns herum. Nichts ging mehr. Es war der 4. März.

Anneliese Zimmer holte das Fernglas von ihrer Mutter. Als wir da hindurchsahen, die Straße zurück, konnten wir schon die Panzer der Russen sehen. Aber wir haben niemanden etwas davon gesagt, damit es keine Panik gab. Frau Zimmer zerriß noch alle Papiere ihres Mannes.

Die Zugbrücke war hochgezogen und von Soldaten bewacht. Aber die Remonten von Treptow sollten noch durchgelassen werden. Das hatte Schmied Gnaß genau beobachtet. Einige von uns jungen Mädchen marschierten nach vorn zur Zugbrücke. Gerda Pelk, eine Rothaarige aus Dompendehl und noch ein anderes Mädel gingen ins Brückenhaus. Ich traute mich nicht. Dort wollten sie mit den Soldaten „schöntun" und sie ablenken, als sie hörten, was Schmied Gnaß vorhatte. Das gelang auch, und als sie sahen, daß die Brücke heruntergelassen war, die Remonten sie überquerten und Schmied Gnaß sich gleich „am Schwanz des letzten Remontepferdes" mit kräftigem Tempo anschloß, riefen sie aus dem Fenster: „Junges nu fahrt!" Aber das ging dann auch, immer gib ihm! Die Rothaarige sprang durchs Fenster und versteckte sich im Gewühl. Wir waren zu der Zeit schon ziemlich dreist. Es folgten dicht hintereinander die Treckwagen aus Liesken, die in Neuhof untergebracht gewesen waren, und sie kamen so tatsächlich noch über die Brücke. Die schnelle Anfahrt gelang auch nur, weil sich vor dem Liesker Treck, der seitlich am Straßenrand stand, kein anderer Treck befand.

Nach einem ganzen Stück Weg hieß es dann, Frauen und Kinder auf Militärlastwagen, die Treckwagen bleiben hier stehen. Es war kein Durchkommen für die Pferdewagen mehr. In der Zeit wurde Cammin schon stark beschossen. Für uns ging es in Richtung Fritzow, nördlich von Cammin, auf Wollin zu.

Wir sind dann mit den Militärlastwagen bis Dievenow durchgefahren. Erstaunlicherweise waren auch unsere Treckwagen am nächsten Morgen da. Dievenow war ein Prominentenbad für gut betuchte Stettiner mit wunderschönen Häuschen. Dort wurde Manfred Kinder begraben.

Eine andere Begebenheit brachte uns wieder zum Lachen. Als Frau Lauschke ihren Sohn sah, schrie sie entsetzt: „Fritzke, Fritzke, hebbe se di verschote? Ach Gott, de Fritzke is ganz voll Blod!" Fritz: „Mamma, Mamma, wat hest du denn?" Sie: „Du bist all ganz voll Blod!" Wir anderen fingen unterdessen furchtbar an zu lachen, hatte doch der Bengel in der Nacht roten Zucker erwischt und sich beim Essen ganz vollgeschmiert.

In der Dievenower Feriensiedlung haben wir übernachtet und manche Tür aufgebrochen, um einen halbwegs sicheren Platz zum Schlafen zu finden.

Und dann standen wir mit dem Treck auf Wollin und standen und standen ... Manchen Tag ging es 50 m weiter, manchen Tag 100 m, manchen Tag nicht einmal so viel, Tag und Nacht standen wir auf der Straße, alles war voller Flüchtlinge. Es regnete oder war neblig, bei Temperaturen, die nur wenig über dem Gefrierpunkt lagen. Das dauerte so ungefähr eine Woche. In dieser Zeit haben wir auch draußen gekocht, ich weiß noch, daß ich einmal 20 Mark einem pommerschen Bauern für eine Aktentasche voll Kartoffeln gab. Der belgische Koch, er hieß Charly, der als Kriegsgefangener schon in Liesken für die anderen Kriegsgefangenen gekocht hatte, sollte uns Fett für Bratkartoffeln liefern. Er hatte als Koch immer etwas für sich zurückbehalten, das wußten wir. Aber er war sehr knauserig und wir mußten ihn lange überreden und mit Bratkartoffeln locken, bis er mit dem Fett rausrückte. Dann haben wir die Kartoffeln in einem Topf „gebraten", und weil sie nicht gar wurden, halb roh aufgegessen. Aber wir hatten etwas in dem Magen!

Es war furchtbar, es gab schon die ersten Typhus- und Ruhrkranken.

Pferdeausfall gab es auch. Einer unserer Jungens mußte die Pferde erschießen, die nicht mehr weiterkonnten.

Nach einigen Malen sagte er: „Ich mache das nicht mehr, die Pferde sehen mich immer so traurig an. Ich kann es nicht mehr." Brauchte er dann auch nicht mehr.

Eines Tages ging es dann auf Wollin voran. Als „Militärtreck" konnten wir auf einer militärischen Notbrücke die Randow überqueren. An einem einzigen Tag sind wir darauf 54 km bis nach Anklam marschiert. In Anklam wurden wir aufgeteilt, in Kinos, Schule, Sporthalle usw. Einige Tage haben wir uns dort aufgehalten.

Es gab wieder Verpflegung – wegen des Angriffs aber erst am nächsten Tag.

Lene Lauschke sagte zu Frau Boettcher: „Fru Boettcher, um Koke bruke se sich nich kümmere, dat moke wi. Se hebbe Ruhedach, Hauptsach, se bringe wedder wat ran!"

Aus Anklam mußten wir dann ganz schnell heraus, weil Tiefffliegeralarm angekündigt worden war. Etwa einen halben Tag lang standen wir auf der Chaussee in Richtung Demmin. Die kommenden Nächte verbrachten wir in Ställen oder Scheunen. Unterwegs in Mecklenburg kauften wir ein Schwein und schlachteten es. Das hatte Futtermeister Fuchs organisiert.

Alle hatten dazu zusammengelegt. Und in einer Waschküche wurde Gulasch gekocht.

Seit Treptow waren wir nur noch der Halbe Treck mit etwa 8–10 Wagen, vielleicht auch noch nicht einmal so viel. In der Nähe von Güstrow haben sie uns in einem Fliegerhorst untergebracht. Dort starb Irmgard Hasch. Und wir bekamen zum ersten Mal Wanzen.

Die nächsten Stationen waren Sternberg, dann Schwerin.

In Schwerin hatte Bürgermeister Zimmer Nachricht beim Heeresverpflegungsamt für die Liesker hinterlassen. Er war eher in Schwerin als der Treck gewesen und schloß sich jetzt wieder uns an.

Dann zogen wir weiter in Richtung Ratzeburg. Dort haben wir in einer Kaserne übernachtet.

Ratzeburg ist ja sehr hügelig. Da hatten wir auch noch ein heiteres Erlebnis. Wenn die Kinder austreten mußten, konnte der Treck nicht jedes Mal halten. Jede Familie hatte sich deshalb noch in Liesken einen ordentlichen „Pinkelpott" organisiert.

Als es nun durch Ratzeburg ging mit starkem Gefälle, konnten die Pferde die Wagen nicht halten. Die Männer hatten sich schon Pfähle besorgt, die sie in die Speichen als Bremsen steckten, wenn die Wagen zu rollen begannen. Na ja, die Felgen rieben sich heiß und fingen an zu brennen. Trude Krause lief entlang der Wagen und schrie: „Junges, Junges, wo hebb ji de Nachtstöpp, pißt, de Räder brenne!" Wir hatten doch kein Wasser, Glücklicherweise konnten die Jungens alle. Sie lief hin und her und goß die Pötte auf die Felgen. Ich habe Tränen gelacht.

Von Ratzeburg aus sind wir auf der Straße zwischen den beiden Seen gekommen. Und es war nachher nach Grabau nicht mehr weit.

Und dann sind wir nach Grabau gekommen und standen auf dem letzten Teil des Gutshofes, dort, wo jetzt Familie Keuch wohnt. Frau Boettcher, Herr Fuchs und Herr Zimmer waren schon morgens nach Grabau gefahren. Der Treck kam nach. Sie sprachen im Schloß mit Rittmeister von Nagel, daß die Liesker in Grabau aufgenommen werden sollten. Das wollte er ganz und gar nicht, bis der Befehl vom OKH kam, daß die Liesker aufzunehmen waren. Wir warteten unterdessen und hatten schon Angst, daß wir weiterziehen mußten. Inzwischen wurde im Schloß mit Herrn Clasen vom Remonteamt Grabau begonnen, Unterkünfte für die Liesker Familien zu organisieren.

Am Nachmittag, dem 28. 3. 1945, Gründonnerstag, – es war ein schöner Frühlingstag, die Veilchen blühten schon – hieß es dann, hier bleiben wir, hier ist unser Marsch zuende.

50. Jahrestag der Ankunft in Grabau.   4 Fotos: Annekatrin Detlef

Abdruck des Artikels auf Seite 100 aus der Dorfchronik Grabau mit freund-
licher Genehmigung von Doris und Eckhard Moßner.

Werdegang zum(r) erfolgreichen Reiter(-in)

Schon sehr früh beschäftigen sich die Kinder mit ihren Ponys. Ohne Sattel lernen sie spielend, das Gleichgewicht zu halten und (ohne, daß es ihnen gesagt wird) den Sitz mit tiefem Knie und langem Bein. So können sie herrlich mit den Ponys herumtollen. Diese Reitbegeisterung gilt es zu erhalten.

Mit zunehmendem Alter wachsen die Ansprüche. Jetzt muß ein richtiges Reitpony oder Kleinpferd her. Reitervereine oder Reitställe sind überall in der Nähe. Unter sachkundiger Leitung schälen sich dann bald besondere Talente heraus, die dann auch mit großem Eifer bei der Sache sind. Wenn dann auch das Elternhaus mitzieht, ist viel gewonnen.

Trotzdem ist es noch ein weiter Weg bis zur ordentlichen Reiter(-in). Eine gute Placierung in einer Reiterprüfung ist noch nicht ausschlaggebend. Es wird immer auch Rückschläge geben. Das muß dann Ansporn für bessere Leistungen in der Zukunft sein. Ein guter Reiter muß bereit sein, ständig an der Verbesserung seines Sitzes mit richtiger Hilfengebung zu arbeiten. Die natürliche Begabung kann noch so groß, der gesunde Ehrgeiz noch so positiv entwickelt sein, jedes Talent muß erst reifen.

Auf dem Turnier überprüfe ich mein Können in Dressur- oder Springprüfungen und stelle mich dem Urteil der Richter. In den Springprüfungen liegt die Fehlerzahl fest, in einer Dressurprüfung bin ich vielleicht mit der Wertnote nicht immer ganz zufrieden. Ich muß aber anerkennen, daß die Richter in der Regel objektiv urteilen und mehr davon verstehen als ich selbst. Sie haben vielleicht Fehler entdeckt, die ich übersehen habe. Auf dem nächsten Turnier mache ich es eben besser. Merke: *Der Schweiß des Reiters bringt den Erfolg.*

Wenn nun auch noch positive Faktoren wie, eine gute Ausbildung im heimischen Verein, eine glückliche Hand beim Pferdekauf, weitere Unterstützung und besondere Förderung durch Vater (oder Mutter), der die Pferde bestens ausgebildet hat, zusammentreffen, ist der Weg für ganz große Erfolge frei.

Im folgenden berichten zwei Reiter, die es bis zur Europameisterschaft gebracht haben, über außergewöhnliche Erlebnisse.

116

Vergleichswettkampf in Südafrika

Inga Rauert

Südafrika lädt 1994 je eine deutsche und israelische Juniorenmannschaft zum internationalen Wettkampf ein. Dieser Staat will etwas für sein eigenes Image tun und will wissen, wo seine Reiter international stehen. Besonders begabte jugendliche Reiter sollen sich kennenlernen und für bessere Völkerverständigung sorgen. Inga Rauert erzählt:

Ab Hamburg fliegen Björn Nagel, Sebastian Rohde und ich über Frankfurt (dort stoßen Miriam Warneke und unser Betreuer Dietmar Gugler zu uns) nach Luxemburg. Von dort soll es nach Johannesburg gehen. In der Vorfreude auf dieses große Ereignis habe ich meinen Paß vergessen. Per Kurierdienst wird er mir nachgeschickt. So kann ich mir noch 2 Tage Luxemburg ansehen.

Vom Flugplatz Johannesburg holt mich meine Gastfamilie Hannemann: Vater Nils, Mutter Liz und Töchter Saskia und Anuschka ab.

Am Anreisetag sehen wir uns eine Vielseitigkeitsprüfung der Einheimischen an. In dieser relativ schweren Prüfung werden die Pferde stark gefordert, auch weil es sehr heiß ist.

Endlich am zweiten Tag werden uns unsere Pferde zugelost. Diese Pferde wurden aus ganz Südafrika zusammengezogen. Diese kleinen, schnellen, feinen Pferde hatten aber etwa den gleichen Ausbildungsstand. Wir kamen mit unseren Pferden gut zurecht.

Am dritten Tag kommen wir nach einer halben Autostunde auf den Turnierplatz in den Brentwood Park Stables an. Die Besonderheit dieses 1. MB-Springens: Alle 0-Fehlerritte wurden zu Siegern erklärt. Ich war mit „Ghibli Sinjion" dabei. Abends wurden wir alle bei der Gastfamilie der Israelis zum Empfang geladen. Toll. Unsere Gasteltern waren nette, zuvorkommende Leute. Die Hausarbeit wurde von Farbigen erledigt. Eine Frau im Haus, zwei Männer im Garten, bei den Pferden und im Stall. Unser Nils sprach nicht gerade freundlich über die Farbigen. Ob es ironisch meinte, weiß ich nicht. Jedenfalls haben sie die Apartheit in den Köpfen noch nicht überwunden.

Am vierten Tag wurde es spannend. Dieses Springen wurde mit Stechen gewertet. Ich kam mit „Ghibli" gut zurecht, kam mit meinen Hilfen gut durch. Ich konnte gewinnen. Abends wiederum Empfang (schick in Schale) auf dem Turnierplatz mit Losen, Tombola und Versteigerung.

Nachdem am fünften Tag nur nationale Prüfungen auf dem Programm standen, wurde es am sechsten Tag ernst. Der Nationenpreis. Wir waren eine homogene Mannschaft: 1. Deutschland
2. Afrika
3. Israel

Abends wiederum große Feier am Turnierplatz mit Ehrung aller Teilnehmer und großer Disco für uns Jugendliche.

Der siebente Tag bot uns noch wieder ein besonderes Erlebnis. Per Flugzeug (3/4 Stunde) ging es in die Hotelstadt Sun-city. Ein Hotel davon gehört zu den zehn besten und teuersten Hotels der ganzen Welt. Unvorstellbar was die alles bieten: Riesige Spielhallen, pompöses Casino, gigantisches Badeparadies. Obgleich damals noch nicht 18, ließ man uns ins Casino, damit wir unseren Hotelbon (Chip 200 Rand = 100 DM) setzen konnten. Auch hier hatten wir das Glück des Tüchtigen: Gewinn 100 %.

Vor dem Casinobesuch durften wir noch an einer vierstündigen Safari teilnehmen. Afrika bietet doch sehr viel: Interessante Landschaften, viele verschiedene Tierarten. Wir stöhnten in der Hitze und freuten uns auf dem Swimmingpool unseres Hotels.

Inga reitet dem Sieg entgegen.

118

Zum Abendessen wurde noch einmal groß aufgetischt. Die Auswahl an Fleisch war afrikanisch vielseitig: Elefant, Zebra, Krokodil, Giraffe. *Ich habe mich an diesem Abend nur vegetarisch ernährt.*

Nach dem Rückflug in unsere Quartiere hatten wir noch einen Tag zum Bummeln. Morgens besuchten wir einen Löwenpark. Diese imposanten Tiere dösen tagsüber aber nur im Schatten und langweilen sich. Sie jagen vorwiegend nachts. Nachmittags wollten wir unseren Casinogewinn in Souveniers umsetzen. Die Stände der Farbigen am Straßenrand bieten selbsthergestellten Schmuck und Holzschnitzereien (natürlich kein Elfenbein).

Der planmäßige Rückflug um 17 Uhr am zehnten Tag verzögerte sich, weil ein Fenster noch repariert werden mußte. Dadurch bekamen wir auch unseren Anschluß in Luxemburg nicht. Da auch der nächste Flug ab Luxemburg wegen Glatteis ausfiel, mußten wir mit dem Bus nach Frankfurt und konnten erst um 15 Uhr gen Hamburg starten. So dauerte die anstrengende Heimreise 24 Stunden.

Ich bin dankbar, daß mir durch meine sportlichen Erfolge zusammen mit meinen Pferden solche schönen Erlebnisse geboten werden.

Auch 1995 durfte ich wieder mit einer neuen Mannschaft und meinem Vater als Team-Chef nach Südafrika. Die Pferde waren nicht ganz so gut wie im letzten Jahr. Dennoch konnten wir den Nationenpreis vor Südafrika und Frankreich gewinnen.

Wir hatten wieder unvergeßliche Erlebnisse und viel Spaß. Ich würde gerne wieder hinfahren.

P.S. Das Jahr 1995 verlief bisher für Inga überaus erfolgreich. So wurde sie in Dallgow bei Berlin Vize-Europameisterin der Junioren, und in Balve auch Deutsche Vizemeisterin. Herzlichen Glückwunsch.

He funn'n Hoofiesen, un as he to Huus keem, wer dor'n Peerd an.

„*Unternehmen Olympia*"

Ein Erlebnisbericht von Kai Rüder

Für die Olympischen Spiele der Vielseitigkeit in Barcelona hatten sich folgende Paare qualifiziert:

Dr. Matthias Baumann auf Alabaster, Cord Mysegaes auf Ricardo, Herbert Blöcker auf Feine Dame und Roxana, Christian Zehe auf Gallus, Rahlf Ehrenbrink auf Kildare.

Erst nach dem tragischen Unfall am letzten Trainingstag in Bonn, bei dem Gallus unter Christian Zehe tödlich verunglückte, rückte ich in die Mannschaft nach. Durch die Nachnominierung entstand für mich eine Transportverzögerung von 2 Tagen. Ich erreichte El Montanya mit Lancaster und seiner Pflegerin Uta Fick am 11. 7. nach einer anstrengenden LKW-Fahrt ohne größere Zwischenfälle.

In El Montanya befindet sich eine große Golfanlage mit Swimming-Pool, Tennisplätzen und Golfhotel. Die Pferde waren in neu errichteten Aufbauboxen untergebracht und die Pfleger wohnten in dem komfortablen Golfhotel. Der Pool und die Tennisplätze standen den Reitern zur freien Verfügung. Wir waren neben den Australiern, Neuseeländern und Holländern eine der ersten Mannschaften.

Da die Trainingsplätze noch nicht ganz fertig gestellt waren, kam es zu Engpässen auf den Vierecken. Eine Situation, die für ganz Barcelona zutraf, so wurden in der letzten Woche noch ganze Autobahnabschnitte gebaut.

Unsere Pferde zeigten sich in einer sehr guten Verfassung und gewöhnten sich relativ schnell an das extreme Klima mit einer Temperatur von ca. 35° C. Im Olympischen Dorf, wo wir mit der gesamten Mannschaft wohnten, erhielten die einzelnen Nationen Hochhäuser mit Appartements für 6–8 Personen. Die Räume waren einfach, aber sauber ausgestattet. Um in das Olympische Dorf oder in die Ställe zu gelangen, mußten strenge Kontrollen passiert werden. So wurde einmal Matthias Baumann abgefangen, weil er seine Schnupftabakdose dabei hate. Da die Spanier sprachlich äußerst unbeweglich sind, der Guard de Civil auch mit dem Begriff „Mentolus" nichts anfangen konnte, mußte er eine Probe nehmen . . . Matthias nutzte seine Chance und gab dem Ahnungslosen eine anständige Portion. Der standhafte Spanier verfiel in einen derartigen Hustenanfall, so daß unser Bayer problemlos passieren konnte.

Unsere Freizeit zwischen den Trainingseinheiten verbrachten wir durch

Spiele wie Wasserball, Tennis und Fußball. Als Ersatzreiter hatte ich natürlich besonderes Interesse an den oft gefährlichen Fußballspielen wie z. B. gegen Holland mit dem Barfuß spielenden Eddy Stibbe. Meine Kollegen faßten dies mit Humor und Verständnis auf. Als Konditionstraining absolvierten wir Waldläufe. Auch nutzten wir diese Zeit, um andere Reiter kennenzulernen oder uns von Favoriten, wie z. B. Mark Todd, Blyth Tait oder Ian Stark etwas abzugucken. Am Freitag, dem 24. 7. stand dann die erste Geländebesichtigung an und es kam langsam Wettkampfspannung auf. Beeindruckt von der einmalig schönen Geländestrecke auf dem traumhaften Gelände des Golfplatzes, fanden wird einen schweren aber fairen Kurs vor. Die Stimmung in der Mannschaft blieb aber trotzdem super.

Am Abend hatte unser Tierarzt Dr. Blobel mit seiner Frau ein gemütliches Fischrestaurant in der Altstadt Barcelonas ausgemacht, wo wir uns dann trafen. Da der gegessene Fisch gern schwimmen sollte, stieg die Stimmung im Nu an. Während Horst Karsten die ersten Lieder anstimmte, kam es zwischen Dr. Blobel und Matthias Baumann zu einer Wette. Thissy soll 100,– DM bekommen, wenn er einen zur Dekoration von der Decke herabhängenden Schinken unbemerkt aus dem Restaurant schmuggeln würde. Mit großer Mühe konnte er von einer Treppe aus einen erreichen und abnehmen. Als weitaus schwieriger sollte sich das Herausschaffen erweisen, hatte der Schinken doch die Größe eines Kleinkindes. Es ist mir noch heute ein Rätsel, wie er ihn letztlich mit Hilfe unseres Hufschmiedes Dieter Kroehnert unbemerkt durchs Fenster zog und zum Auto bringen konnte. Später wurde dem Wirt zwar der entstandene Schaden ersetzt, aber wir hatten unseren Spaß gehabt.

Dann wurde es wieder ernster. Die erste Verfassungsprüfung sollte am Sonntag stattfinden. Unsere Pferde zeigten sich erwartungsgemäß in guter Form. Da meine Aufgabe als Reservist beendet war, konnte ich die Spiele jetzt ein bißchen aus dem Hintergrund beobachten. Die Dressurprüfung an den nächsten beiden Tagen brachten für uns einen 2. Platz in der Mannschaftswertung und den 1. Platz für Thissy Baumann. Ein toller Erfolg! Spannend wurde es dann am Geländetag. Alabaster, als erstes deutsches Pferd, verweigerte einmal, er hatte nach einer 45minütigen Zwangspause seinen Rhythmus nicht wiedergefunden. Mit sicheren Nullrunden sorgten dann Cord Mysegaes und Ralf Ehrenbrink für ein gutes Mannschaftszwischenergebnis, das jedoch für eine Medaille nicht ausreichte. Die Mannschaft lag auf dem 4. Platz.

Jetzt hing alles von unserem Routinier Herbert Blöcker ab. Er hatte von den Trainern die Anweisung, überall den direkten Weg zu springen, um unter vollem Risiko die Mannschaft auf einen Medaillenplatz zu bringen. Mit einem absoluten Superritt wurde Herbert dieser Aufgabe gerecht und sicherte so mit seiner „Feinen Dame" auch noch den 2. Platz in der Einzelwertung. Da wir alles auf einem Bildschirm verfolgen konnten, ritten wir förmlich mit ihm. Die Stimmung im Zieleinlauf war großartig.

Im Abschlußspringen sicherte sich die Mannschaft nach dem Ausfall der Briten die Bronzemedaille hinter Australien und Neuseeland. Herbert behielt durch einen tollen Parcours den 2. Rang = Silbermedaille.

Diese großartigen Erfolge wurden dann abends im „Deutschen Haus" anständig gefeiert.

Nachdem unsere Pferde am nächsten Tag mit ihren Pflegern die Rückreise angetreten hatten, konnten wir die Dressurreiter bei ihrem totalen Erfolg feiern und die Springreiter nach dem Nationenpreis weiter anfeuern.

Nach den Reit-Wettkämpfen

Jetzt nutzte ich die Zeit, um andere Wettkampfstätten zu besuchen. Neben Tennis und Segeln gefiel mir die Leichtathletik am Besten. Die Stimmung im Olympiastadiom bei den 100m Finanalläufen und beim Einlauf der Marathonläufer war unbeschreiblich.

Als unsere Mannschaft am 6. August die Rückreise antrat, schlossen wir das großartige Ereignis Olympia ab. Ein Erlebnis, geprägt durch sportliche und ergreifende Eindrücke, wie sie außergewöhnlicher nicht sein konnten.

Mit freundlicher Genehmigung der Zeitschrift „Pferd und Sport"

1995 hatte Kai Rüder als Tetenreiter seines Stammvereins wesentlichen Anteil am Mannschaftssieg zum Gewinn der Landesstandarte.

Laut Presse vollbrachte eine junger Fehmaraner eine bemerkenswerte Leistung: Kai Rüder wurde auf Arico Vizelandesmeister.

Ebenfalls 1995 wird Kai Rüder im Springreiten nicht nur Vizemeister von Schleswig-Holstein und Hamburg, sondern auch Meister der Vielseitigkeitsreiter. Ein einmaliger Doppelerfolg.

Für Reiterfamilie Rüder ein gleich großer Erfolg: Auch Schwester Anna-Madlen wird Vielseitigkeitsreiterin der Junioren.

122

Kai Rüder, hier mit Lancaster v. Lorenz

He snakt di von't Peerd hendal
und sett sik sülben dorop

Deutsche Meisterschaft in der Vielseitigkeit
der jungen Reiter

Susanne Wiegmann, geb. Knoche

Nachdem ich meine elfjährige Stute „Salut Monami", von allen nur „Mona" genannt, aufgesattelt und aufgetrenst habe, steige ich auf. Sie hüpft und quiekt wie immer. Wir reiten zum Start der ersten Wegestrecke, der Phase A und haben noch gut 10 Minuten Zeit. Ich kontrolliere nochmal den Sattelgurt und meine Zwischenzeiten, die ich mir auf den linken Arm geschrieben habe. Dabei spreche ich immer wieder mit Mona. Mein Trainer kommt, um mir letzte Instruktionen zu geben. Die Spannung steigt, denn es sind schon vor mir einige Reiter aus Schleswig-Holstein in die Phase A und B gestartet. Die Rennbahn, Phase B, ist genau neben dem Abreiteplatz, was Mona ein wenig nervös macht. Der Starter ruft auf: „233! Noch zwei Minuten." Ich muß jetzt zur Startlinie in den Wald reiten, aber Mona wird ganz zappelig und möchte am liebsten schon lospreschen, so daß der Trainer sie zum Start hinführt. „Noch 30 Sekunden." Wir stellen uns an die Startlinie, und ich stelle, während wir lostraben meine Stoppuhr an. Ich rede die ganze Zeit mit Mona und erzähle ihr, daß wir das schon irgendwie hinkriegen, auch wenn es erst unsere zweite lange M-Prüfung ist. Zwischendurch gucke ich immer wieder auf meine Stoppuhr, ob wir auch noch in der Zeit sind. Nach einigen Kilometern eine kurze Galopptour, dann mal wieder Schritt und Trab. Nachdem wir im Ziel der Phase A angekommen sind, warten wir kurz auf unseren Start in die Phase B. Jetzt wird Mona sehr nervös, sie sieht das Paar vor uns auf der Rennbahn. Sie möchte am liebsten auch schon los, darum versuche ich, sie durch klopfen und streicheln zu beruhigen: „Mona, so ist gut, gleich geht es los." Jetzt ruft der Starter: „Noch 30 Sekunden." Ich reite zur Startbox und Mona wird hineingeführt. „10 Sekunden". Mona fängt an zu zappeln, sie will nicht mehr stehen, aber sie muß aus dem Stand starten. Ich drehe Mona in Richtung Start um. „Fünf, vier, drei, zwei, eins ab!" Mona rennt los, und ich muß aufpassen, daß sie nicht zu schnell wird, denn wir wollen heute noch mehr reiten.

Die Rennbahnsprünge werden von Mona ohne Probleme genommen, in dem sie durch die aufgesteckten Tannenzweige durchwischt. Nun haben wir das Ziel der Phase B und Start der Phase C, die zweite Wegstrecke erreicht. Nach einigen Metern ruhigen Galopp pariere ich zum Schritt durch, damit Mona verschnaufen kann.

Ich bin froh, daß wir schon so weit sind. Es ist recht warm, aber Mona schwitzt kaum. Ich gucke wieder auf meine Stoppuhr. So, nun reiten wir im ruhigen Trab und ab und an nochmal im Galopp bis wir kurz vor dem Ziel der Phase C sind. Ein Blick auf die Uhr. Wir haben noch Zeit. Also reiten wir im Schritt durch das Ziel in die zehn Minuten lange Zwangspause, wo uns schon ein Richter, ein Tierarzt, meine Mutter und der Trainer erwarten. Ich steige ab und Mona wird untersucht. Der Trainer gibt mir nochmal Tips und erzählt mir, daß ich bei Sprung 3 aufpassen soll, da dort schon Reiter gestürzt und ausgeschieden sind. Die Pferde könnten das Hindernis noch als Rennbahnsprung ansehen und versuchen durch den Oxer durchzuwischen.

Mona wird nach einigen Minuten nachuntersucht, ob ihr Puls ruhiger geworden ist. Der Arzt ist verwundert, denn Monas Puls- und Herzfrequenzen sind fast so normal, als wenn sie gerade aus der Box kommt.

So nun noch ca. zwei Minuten bis zum Start in die Querfeldeinstrecke mit 24 Hindernissen. Aufsteigen, kurz antraben, angaloppieren, wieder Schritt. Mona weiß was jetzt auf sie und mich zukommt. Sie will kein Schritt mehr gehen. Wieder der Starter „noch 30 Sekunden". Mona wird wieder zur Startbox geführt. „Zehn Sekunden". Wir reiten in die Startbox. „Fünf." Ich drehe Mona in Startrichtung und sie tänzelt auf der Stelle „… drei, zwei, eins, ab." Stoppuhr an und los geht es. Mona rennt, als ob es um ihr Leben geht. Sprung eins ist eine Fasanenscheite, kein Problem. Doch jetzt kommt gleich Sprung 3. Was hatte der Trainer, Detlef Peper, gesagt? Jetzt springe ich über einen Steilsprung aus dem Wald in eine Lichtung mit ca. 1,50–2,00 Meter hohen Tannen. Wo ist Sprung drei? Da! Noch eine leichte Rechtskurve. Verdammt, so ein Mist, Mona hat die hinere Stange zu spät gesehen und springt nicht weit genug, so daß sie stürzt und ich runterfalle. Mona wird mir gebracht und jemand hilft mir aufs Pferd. Ein paar Meter traben, ob auch alles mit Mona in Ordnung ist. O.K. Es kann weitergehen. Nach einigen 100 Metern und ca. zwei Sprüngen merke ich, daß ich den linken Zügel nicht mehr richtig halten kann, weil ich meine Hand verstaucht (oder gebrochen?) habe. Wir reiten weiter und wenn die Schmerzen schlimmer werden, höre ich auf.

Die nächsten Sprünge gehen ohne Probleme, außer daß die Zügel immer länger werden, da die Hand sehr schmerzt. Soll ich aufhören? Mona will aber immer weiter. „In Ordnung, Mona, aber dann mußt Du jetzt alles alleine bewältigen."

Jetzt kommt Sprung 11, ein leichter Tiefsprung ins Wasser. Ich will Mona ein wenig aus dem Tempo nehmen, doch es klappt nicht, nun reite ich mit langen durchhängenden Zügeln ins Wasser. Aufsprung auf eine kleine Insel, ein Galoppsprung „Hopp Mona!" Steilsprung wieder ins Wasser und im gestreckten Galopp aus dem Wasser raus.

Nach diesem Sprung reite ich mit langen Zügeln in einer Hand weiter. Ich sage zu Mona: „Mona, renne nicht so, wir haben noch so viel Sprünge vor uns." In den Linkskurven nehme ich den linken Zügel wieder etwas auf. Oh ha, jetzt kommt ein recht schwieriger Sprung, bei dem ich das Tempo zurücknehmen muß. „Brrr, Mona, brrr." Gar nicht so einfach mit den langen Zügeln. Buschrick in den Wald in einem leichten Linksbogen, zwei Galoppsprünge und „Hopp!" geschafft. Mona hat sich es noch passend gemacht, indem sie mit einem riesigen Satz über den Zaun springt. „Brav, Mona, so ist gut." Meine Hand tut immer mehr weh, aber ich kann Mona nicht anhalten, sie will unbedingt weiter. Doch was mache ich beim nächsten Sprung? Wo springe ich hin? Ganz links über „In Out" oder rechts eine rechtwinklige Kombination, die in einer Linkskurve zu reiten ist, oder lieber die Mitte, wo ein hoher und breiter Holzpoller mit Erde aufgefüllt ist? Ich weiß es nicht. Ich erzähle Mona die ganze Zeit, daß sie selbst sehen soll, wo sie rüberspringen möchte. (Auch wenn sich das komisch anhört). Jetzt sind wir auf dem Waldweg. Da vorne ist der Sprung. Mona guckt, spitzt die Ohren, und steuert geradewegs auf den dicken Holzpoller zu. „Hopp Mona!" „Ja so ist brav." Mona ist über diesen hohen Poller gesprungen und hat oben einmal aufgesetzt.

Ich bin glücklich, doch noch liegen neun Hindernisse vor uns. Mit langen Zügeln in der rechten Hand geht es weiter. Meine linke Hand lasse ich immer wieder an der Seite runterhängen. Bei den nächsten Sprüngen wie Treppe, Tisch oder Koffin ist Mona auch auf sich gestellt, ich versuche sie nur in die richtige Richtung zu lenken. Mona macht alles alleine, macht es sich passend, um gut über den Sprung zu kommen. Mich verlassen langsam die Kräfte, da meine Hand noch mehr schmerzt, doch jetzt kommt ein Steilsprung mit einem Tiefsprung dahinter. Ich erzähle Mona die ganze Zeit was für Sprünge kommen. Doch jetzt muß ich auf jeden Fall die Zügel aufnehmen. Unter Schmerzen gelingt es mir. Aber über dem Sprung verliere ich die Zügel, halte nur noch die Schnalle in den Händen und reite im altenglischen Stil über den Tiefsprung. „Prima Mona, hast du toll gemacht", klopfe und streichel sie. „Jetzt noch die Treppe runter und dann sind wir bald Zuhause." Die Treppe meistern wir bzw. Mona wieder hervorragend.

Noch zwei Steilsprünge und dann kommen wir auf einen geraden Wald-weg. Das Ziel können wir schon sehen, doch da vorne ist noch eine kleine Senke mit einem überbauten Graben. Meine letzter Versuch die Zügel kür-zer zu fassen, doch Mona rennt diesmal weiter und spitzt die Ohren, guckt und „Hopp". Geschafft. Wir sind im Ziel, doch ich kann Mona nicht an-halten. Ich lasse sie auslaufen und weine vor Freude und vor Schmerzen. Ich reite auf meine Mutter und meine Bekannten zu, sie halten Mona, ich steige ab und setze mich auf die Erde. Mona wird abgesattelt und mit einer Fliegendecke abgedeckt und trocken geführt. Ich muß erst einmal erzählen, was passiert ist und bedanke mich nochmal bei Mona für ihren Einsatz im Gelände. Ohne die treue Mona, die die meisten Sprünge alleine gemeistert hat, wären wir niemals so gut durch das Gelände gekommen. Letztendlich bin ich vom achten nur auf den neunten Platz gerutscht.

Mona geht auch heute, 10 Jahre später, im Alter von 21 Jahren noch im-mer sehr gut. Sie steht bei uns in Heiligenhafen im Stall und kommt täglich raus, entweder auf die Weide oder sie wird geritten. Wenn ich Mona putze, quiekt sie und springt mir fast auf die Füße. Wenn jedoch meine Kinder Jana Maria (5) und Andreas ($3^1/_2$) sie putzen wollen, gehen sie zu Monas Kopf und sagen: „Mona, wir putzen dich jetzt", und Mona spielt mit den Ohren, und guckt sich um, wie die Kinder sie putzen. So auch beim Reiten, wenn Nathalie, eine Bekannte oder ich uns auf Mona setzen, quiekt sie und springt hinten hoch. Die Kinder sagen wieder zu Mona: „Mona ich will dich jetzt reiten." Und siehe da, Mona steht ruhiger als ein Schaukelpferd beim Aufsteigen.

Ich wünsche mir und hoffe sehr, daß Mona noch lange bei uns als Fami-lienpferd ihren Lebensabend verbringt und vielleicht noch mit meinen Kindern deren erste Reiterprüfung geht.

Dat sünd de besten Peer, de an de Krüff sweet und bi de Arbeit frert.

Ümmer sinnig mit de jungen Peer.

Susanne und „Moni" halten eisern durch.

„Flamme"

Schimmel stechen ins Auge.

Holsteiner Züchter schätzen sehr die glänzende „braune Jacke" ihrer Pferde.

Den Schleswigern steht die Fuchsfarbe gut.

Aber ein Rappe, das ist doch etwas Besonderes.

So ein Pferd war „Flamme".

Bauer Peter fuhr gerne flotte Pferde im Einspänner. Wenn Peter mit „Flamme" durch die Dörfer in die nahe Stadt Burg fuhr, sahen die Nachbarn von ihrer Arbeit auf und verfolgten das Gespann mit ihren Blicken, so lange sie es sehen konnten. Ein erhabener Anblick. So ein Pferd wünscht sich jeder Pferdefreund. Ganz besonders Hannes, der Bauernsohn aus dem Nachbardorf. Wie sollte er an dieses Pferd kommen?

Ob er mit der Tochter Annekatrin anbandeln sollte? Eigentlich nicht schlecht. Die Sache war einen Versuch wert.

Was soll ich euch noch länger auf die Folter spannen? Es wurde daraus eine glückliche Ehe und eine lange Pferdefreundschaft.

„Flamme" war nicht nur ein gutes Wagenpferd, sondern auch mit hervorragenden Reitpferdeeigenschaften ausgestattet. Stammte sie doch aus bestem Stall. Mit einer Halbschwester gewann Jochen Matz 1954 den Siegerpreis der Springpferde in Berlin.

Solche vielseitigen Pferde waren in den 50er Jahren gesucht von den ländlichen Reitern. Zweimal in der Woche war Reitunterricht auf einem Bauernhof. Es war für einen Bauernsohn fast selbstverständlich, daran teilzunehmen. Als Reitlehrer standen dafür gestandene Kavalleristen zur Verfügung. Am Sonntagvormittag trafen wir uns dann oft zum gemeinsamen Ausritt. Das war gleichzeitig gutes Training für den Geländeritt, der damals auf den ländlichen Turnieren noch üblich war. Der Geländeritt war Höhepunkt und Publikumsmagnet eines jeden Turniers.

Keine Hochleistung in einzelnen Disziplinen, sondern Vielseitigkeit war gefragt. So entwickelten sich die ländlichen Turniere der damaligen Zeit zu echten Familienfesten.

Selbstverständlich war es für mich eine besondere Freude mit einem Pferd wie „Flamme" an solchen Turnieren teilzunehmen.

Die Erfolge stellten sich aber erst nach konsequenter Arbeit unter sachverständiger Anleitung ein. Der Sommer mußte genutzt werden. Reithallen gab es zu dieser Zeit kaum auf dem Lande. Und an manchen Tagen wurden eben auch alle Pferde auf dem Acker gebraucht. Dann wurde die abendliche Reitstunde mit einer Extraportion Hafer belohnt.

Aber der tägliche Umgang bei stetiger Zuneigung schafft eben das Vertrauensverhältnis für Erfolge. Dann haben auch die Pferde Freude an guten Leistungen und erbringen diese sehr willig. Kluge Pferde denken mit. Sie wissen, daß es um eine gute Platzierung oder sogar Sieg geht.

Ich sage es doch:

Kamerad Pferd.

Ein Beweis für Vertrauen und Zutrauen zwischen Pferd und Reiter: Anläßlich der abendlichen Reitstunde beim Hindernistraining, Reiterfreund Hermann: „Hannes, wenn Du mit ‚Flamme' startest, lege ich mich unter den Oxer und Du springst darüber. Dafür gibst Du dann nachher ein Bier aus." Gesagt, getan. Da es an diesem Abend sehr warm war, wurden daraus ja vielleicht auch 2 Biere.

Wie überwindet man ein Stacheldrahthindernis? Während des sonntäglichen Ausrittes stand ein Weidezaun (Stacheldraht) im Wege. Ich hätte einen großen Umweg reiten müssen. Also zog ich meine Jacke aus und legte sie breit über den Zaun. Deutlich zeigte ich „Flamme" diese Stelle und rüber gings. So ganz ohne Herzklopfen ging das allerdings nicht ab.

„Flamme" war für mich fast unersetzlich. Auf den Turnieren holte sie Sieg oder Platz in Dressurprüfungen, Jagdspringen, Eignungsprüfungen für Reit- oder Wagenpferde und natürlich in der Vielseitigkeit. Auf dem

Hof war sie Mädchen für alles. Kutschpferd, vorderes Leinenpferd im Vierspänner vor schweren Ackerwagen oder auch bei sonntäglichen Schlittenfahrten.

Der bedeutsamste Ritt auf „Flamme" führte wieder in den heimatlichen Stall. Ich war einer der letzten, wenn nicht gar der allerletzte, der eine schöne Sitte auf Fehmarn aufrechterhielt, nämlich am Verlobungstage offiziell zu Pferde um die Hand der Braut anzuhalten. „He ritt na de Bruut." (Siehe auch Beitrag „Apollo")

An diesem Tage wurde das Pferd besonders liebevoll geputzt und herausgebracht. Das Sattel- und Zaumzeug war schon am Vortage auf Hochglanz gebracht. Stolz wie spanische Matadore trafen wir, Pferd und Reiter, auf dem Hof der Brauteltern ein.

Die Tradition der offiziellen Verlobung wird auch noch heute auf Fehmarn gepflegt. Aber kann ein Wagen mit Stern oder selbst ein flottes BMW-Cabrio die Ausstrahlung eines Reiterpaares ersetzen?

Pferde wie Flamme bleiben jedem Pferdefreund in guter Erinnerung. Die treuen Augen, das fröhliche Wiehern, die Zuverlässigkeit in der täglichen Arbeit schmieden Pferd und Reiter zu einer Einheit. Mit Wehmut und Dankbarkeit denke ich an die unvergeßlichen Stunden mit Flamme zurück.

Eintracht zwischen Pferd und Damwild

Doping?

Unser Nachbar Heinrich behandelte kranke Kühe auf einfachste Weise. War es nicht gar so schlimm, flößte er der Kuh zunächst als Universalmittel eine Flasche Schnaps ein. Den Tierarzt könnte man ja immer noch holen.

Solche Hausmittel bewirken manchmal Wunder. Auch uns Menschen bekommt ein steifer Grog doch gut, nicht nur bei Erkältungen.

Vor einem wichtigen Turnier war „Flamme" einfach nicht auf Draht. Wenn sie an den beiden nächsten Tagen mehrere Prüfungen gehen sollte, mußte etwas geschehen. Also das Hausmittel her.

Würde „Flamme" das Häcksel-Hafer-Schnaps-Gemisch überhaupt fressen? Zunächst noch ein verwundertes Schnauben. Aber der Hunger treibt's hinein, noch ein paar Möhren untergemischt und dann probierte sie einige Bissen. Ich hatte eine unruhige Nacht. Wie verkraftet ein Pferd diese „Roßkur".

Oder hätte ich doch lieber eine Flasche Schampus nehmen sollen? Wie früher die 12. Insterburger Ulanen, die damit ihren Pferden vor dem Rennen schnelle Beine machen wollten. Aber „Flamme" sollte ja keine Flachrennen bestreiten, sondern sicher die Hindernisse nehmen und gehfreudig und gehorsam die Dressurprüfungen absolvieren.

Am nächsten morgen ist die Krippe tatsächlich leergefressen. „Was meinst du Flamme, verträgst du noch einen Schnaps?" Sie sah mich aus großen, treuen Augen an. Also lassen wir das.

An dieses Turnier denke ich gerne zurück. Pferd und Reiter waren sich in allen Prüfungen einig. Den Geländeritt ließen wir aus. Umso williger ging Flamme in den anderen Prüfungen. Es sprangen einige schöne Placierungen dabei heraus.

Peer und Fruunslüd lehnt man nicht gern ut.

„Apollo"

Er war ein stolzer, brauner Holsteiner. Aufgezogen als Hengst. Aber das Dasein als Pascha blieb ihm versagt. So kam „Apollo" als Reitpferd zu Hans W. Er hatte mit seiner „Lotte" schon viele Erfolge in Springprüfungen errungen. „Apollo" wäre ein würdiger Nachfolger geworden. Er brauchte allerdings noch eine gute Ausbildung.

So traf es sich gut, daß ein anderer Hans auf die Reit- und Fahrschule Eutin (Reitlehrer Appel) sollte und ein Pferd mitbringen mußte. Er selbst hatte zu diesem Zeitpunkt kein passendes Pferd und so half der eine Hans dem anderen Hans aus.

„Apollo" war leichttritt und willig in der täglichen Arbeit. Reiter und Pferd gewöhnten sich schnell aneinander und mit zunehmender Harmonie machten beide Fortschritte in der Ausbildung.

Nach Beendigung des sechswöchigen Lehrgangs stand für Hans fest, dieses Pferd mußt du in deinen Besitz bringen. Also galt es noch, den Vater zu überzeugen. Da dieser auch Pferdekenner war, war das gar nicht so schwierig. „Apollo" wechselte den Besitzer.

Hans hatte im folgenden Sommer einige schöne Turniererfolge. Harmonie und Freundschaft zwischen Pferd und Reiter beflügelt auch die Liebe der jungen Leute. Hans kannte seine Anneliese schon lange. Auch manche Ausfahrt mit der Gig, „Apollo" davor, hatten sie unternommen. Der Bund fürs Leben wurde beschlossen. Mit Herzklopfen hatte Hans sich das Jawort von den Schwiegereltern geholt. Der Tag der offiziellen Verlobung konnte kommen.

Wie auf Fehmarn damals Tradition sattelte der Bräutigam sein Reitpferd, um „na de Bruut to rieden". Das war selbst auf dieser kleinen Insel ein langer Weg. Es ging von West nach Nordost. Altes Brauchtum schreibt vor, daß der „Kirchweg", d. h. offizieller Weg vom Dorf zur Kirche, benutzt werden mußte. Es ging also ständig auf festen Straßen und nicht querbeet.

Unterwegs in den Dörfern schießen Jagd- und Reiterfreunde mit Jagdflinten in die Luft. Auch Tradition. Dies soll die bösen Geister vertreiben und dem jungen Paar Glück bringen. „Apollo" stört dies zunächst noch nicht. Aber immer wieder diese Knallerei. Im vorletzten Dorf kam es noch schlimmer.

Ein Reiterfreund hatte ein festes, wenn auch nett geschmücktes, Hindernis aufgebaut. Normalerweise für „Apollo" kein Problem. Aber nach einem 15-km-Ritt unter ständigem „Beschuß" verschätzte er sich im Absprung und sprang voll hinein. Sturz auf fester Straße. Pferd und Reiter blieben liegen.

Freunde eilen herbei, helfen dem Reiter auf die Beine. Das Laufen fällt schwer: Beckenbruch. Auch das Pferd lahmt starkt, schwere Schulter- und Vorderbeinverletzung.

Freund Gerhard lädt Hans in seinen VW-Käfer und fährt ihn auf den Hof der Schwiegereltern. Große Enttäuschung bei der Braut, die statt eines stolzen Reiters einen verletzten, wenn auch lächelnden, Bräutigam in die Arme schließt.

Der treue „Apollo" wird in einen nahen Stall geführt. Nach einem Krankenhausaufenthalt wurde der Reiter wieder gesund. Für „Apollo" war es das Ende einer hoffnungsvollen Karriere.

Ob man ihm nach heutigen Erkenntnissen in einer speziellen Pferdeklinik hätte helfen können?

„Pia"

Nomen est Omen.

Pia = die Fromme.

Als kleines, unscheinbares, etwas vernachlässigtes Wesen kommt Pia als einjähriges Fohlen auf unseren Hof. Den Kauf sollten wir nicht bereuen. Sie entwickelte sich prächtig und wurde bald gut Freund mit der ganzen Familie.

Mit drei Jahren geben wir Pia zu Maike, die sie verständnisvoll ausbildet, ihr Temperament zügelt und einige schöne Placierungen in Jugenddressurprüfungen erringt.

Auch unsere Tochter Kirsten findet Gefallen am Reitsport und macht ausgiebige Ausritte in die nähere Umgebung. Im Gelände fühlt sich Pia (und dann auch die Reiterin) besonders wohl. Hier kann sie ihr Temperament und ihre Zähigkeit voll ausspielen. Außerhalb der Badesaison bieten die langen Ostseestrände herrliche Abwechslung. Pia ging gerne in die See, sprang aber zunächst keine Gräben. (Wie man es auch von anderen Pferden kennt.) Auf solchen Ausritten spürt der Reiter förmlich, welche Freude es den Pferden macht, sich im Gelände auszutoben.

Auch auf den herbstlichen Reitjagden war sie kaum zu bändigen. Aber ist es nicht viel gefahrloser vorne als mitten im Pulk zu reiten? Auf diesen Reitjagden lernte Pia dann auch spielend, Gräben zu springen.

So sehr Pia Reitjagden und Geländeritte mochte, so freute sie sich deutlich, wenn sie wieder auf dem heimatlichen Hof gefahren wurde. Vor der letzten Kurve zur Hofeinfahrt scharrte sie deutlich mit den Hufen. Aha, Pia weiß, daß sie wieder zu Hause ist. Aber wie war es, wenn sie über die Fehmarnsundbrücke gefahren wurde? Auch im geschlossenen Hänger deutliches Scharren und zerren am Halfter. Lag das an ein früheres Erlebnis?

Ich fuhr mit ihr im offenen Hänger über diese Brücke. Pia war sehr unruhig. Plötzlich geht mitten auf der Brücke die hintere Klappe auf und Pia schüttelt sich das Halfter vom Kopf. Ich halte sofort an, aber da ist Pia auch schon vom Hänger hinunter und trabt allein auf der Brücke zwischen den vorbeifahrenden Autos. Hoffentlich kommt in diesem Moment nicht auch noch ein Zug entgegen. Ich mag nicht daran denken, was alles passieren kann. Hofftenlich springt Pia nicht über die Brüstung. Das Wasser ist an dieser Stelle 22 Meter unter uns.

Was tun? Ruhe bewahren, – das ist jedoch leichter gesagt als getan. Pia ist toral verwirrt. Zum Glück kommt ein Pferdefreund mit einem Trecker und Hänger entgegen. Er sperrt den Verkehr. Pia kommt zurück getrabt und läßt sich mit gutem Zureden wieder einfangen. Wer zitterte eigentlich mehr an Leib und Seele, das Pferd oder ich? Das waren bange Minuten. In Situationen, wo Pferde (und auch Hunde) Angst und Verunsicherung spüren, sind sie besonders empfänglich für trostreiche Worte und liebevolle Behandlung. Dieses Ereignis hat Pia ihr Leben lang nicht vergessen. Ich auch nicht.

Aber warum wollte sie gerade mitten auf der Brücke aussteigen? Warum hat eigentlich die Fehmarnsundbrücke so eine Anziehungskraft auf Tiere? Kürzlich stolzierte dort ein Schwan. Glücklicherweise fand er verständnisvolle Kraftfahrer um sich herum. Der Verkehr links und rechts beeindruckte ihn auch nicht sonderlich. Aber die Brücke ist als Rastplatz wirklich nicht gut geeignet. Vielleicht erkennt die Autofahrerin mit Plöner Kennzeichen die Situation ja wieder? Mit vereinten Kräften drängten wir den Schwan in sichere Gefilde, wo er bessere Startbedingungen (gegen den Wind) hatte. Mit sichtbar erleichterten Flügelschwingen flog er davon.

Auch Rehe, Füchse, Wildschweine und Marder haben wir schon auf der Brücke gesehen. Hat die Insel so eine Anziehungskraft?

Nun wieder zu Pia. Sie trägt ihr erstes Fohlen. Als meine Frau in die

Ist es nicht ein bißchen gefährlich?

Scheune kommt, hört sie lautes Hufeschlagen gegen die Boxenwand. Was will Pia? Was will sie damit andeuten? Offensichtlich braucht sie Hilfe. Pia liegt total verschwitzt in der Box. Sie wälzt sich. Also Kolik. Auch ein sehnsüchtiger Blick zur Bäuerin: „Hilf mir doch endlich." Natürlich. Gott sei Dank, wir hatten einen tüchtigen Tierarzt. Er wußte Rat. Das war noch einmal gut gegangen.

Pia brachte ein gesundes Fohlen zur Welt. War das ein Ereignis! Eigentlich war ein Theaterbesuch im Nachbarort angesagt. Aber wer weiß, vielleicht bringt Pia gerade heute ihr Fohlen zur Welt. Ich hielt Wache. Tatsächlich, an diesem Abend wurde „Poker" geboren. Ein besonderes Glücksgefühl, das erste Fohlen einer Stute auf die Welt zu helfen. Annekatrin und die Feriengäste sehen im Stall noch Licht. Neugierige Blicke richten sich auf ein schlaksiges Fohlen auf viel zu langen Beinen. Es versucht verzweifelt, den ersten Schluck zu erhaschen. Jetzt wurden auch die Kinder aus dem Schlaf geholt. Das Jüngste mußte noch in den Stall getragen werden. Aber alle sollten das freudige Ereignis miterleben.

Aber kein Glück dauert ewig. Kirsten reitet Pia auf der Herbstjagd. Eigentlich ein harmloser Sturz, aber Pia verletzt sich das linke Vorder-fußwurzelgelenk. Eine tiefe Wunde. Da dies in der Nähe der Ostsee pas-siert, reitet Kirsten noch tief in die See, um die Wunde auszuspülen.

Es wurde ein langer Heilungsprozeß. Aber Pia war tapfer. Dankbar nimmt sie unsere Hilfe an, wenn wir Eiter ablassen und den Verband wech-seln.

Auf dem Nachbarhof fand ein kleines Turnier statt. Auch „alte Herren" durften teilnehmen. Auf dem Nachhauseritt sehe ich schon von weitem den Grillschornstein rauchen. Ein leckeres Grillsteak könnte auch mir gut tun. Also gebe ich Pia die Sporen und setze über die Gartenmauer. Zur Beloh-nung gab es dann auch noch einen Schnaps.

Noch viele Jahre hatten wir Freude an unserer treuen Pia. Sie gehörte einfach zum Hof und zur Familie.

Wat wullt du mit'n Sadel,
du hest ja keen Peerd

Good Peerd starft in de Seln

Kriegsende eines Kavalleristen

Heinrich Detlef

In der Nacht vom 2. zum 3. Mai 1945 fand ich keinen Schlaf. Die Schwadron lag in einem Wald im südwestlichen Mecklenburg. Vor uns die Russen und nach dem Lagebericht – vom Westen die anrückenden Amerikaner. Wir saßen in der Falle.

Was würde uns der morgige Tag bringen? Mit einem guten Kameraden tauschte ich meine Gedanken. „Einfach nach Hause reiten!" „Das wird nicht möglich sein, – wie stellst Du dir das vor?"

Wir sprachen noch einmal von unseren Erfahrungen im Osten und den Erlebnissen mit unseren Pferden, die oft ihr Letztes gaben. Ca. 3/4 der Truppenpferde stellten die zähen Ostpreußen, die anderen Holsteiner und Hannoveraner. Lange Märsche auf staubigen Straßen oder mehr noch weglosem Gelände; anfangs noch mit regelmäßigem Nachschub, d. h. Futter, später auch nur mit ideenreicher Vorsorge der Reiter, mit bis zum Teilen der letzten Brote. Beim Erkundungsritt durch das Dunkel der Nacht und feindlicher Gefahr Verlaß nur auf das Pferd, dessen Orientierungs- und Geruchsinn ja besonders ausgeprägt ist. Ein Reiter wurde einmal während der kurzen Nachtruhe – eingerollt im Woilach und neben sich das Pferd am Baum angebunden, – durch energisches Scharren vom Pferd wachgerüttelt vor einer herannahenden Gefahr gewarnt. Ich kam zu der Überzeugung, – die Pferde haben uns unter schwierigsten Bedingungen durch die Weiten Rußlands getragen, – da wäre auch die Kleinigkeit nach Fehmarn zu schaffen.

Beim Morgengrauen meldete ich mich beim Schwadrons-Chef: „Herr Rittmeister, ist der Krieg nun vorbei?" Ein kurzer, scharfer Blick: „Ja, ich werde die Schwadron heute dem Amerikaner übergeben." „Dann bitte ich, mich absetzen zu dürfen." „Gut, reiten Sie!"

Ein kurzer Abschied bei den Kameraden; größtenteils Niedersachsen, welche die beste Chance darin sahen, geschlossen über die Elbe zurück zu kommen. Nun galt es, Kurs Nordwest möglichst in Deckung zwischen den anrückenden Armeen von Ost und West. Nach einigen Stunden Gefangennahme durch eine amerikanische Patroulle und Einweisung in ein größeres Gefangenenlager auf freiem Feld, – doch glücklicherweise ohne viel Bewachung.

Wieder Pläneschmieden: In einem lauenburgischen Dorf hatten wir vor unserem Einsatz verwundete Pferde zurücklassen müssen, u. a. aus meinem Beritt meinen „Altgold", dessen Blessuren leichterer Natur waren. Vielleicht war er wieder gesund und nun meine letzte Hoffnung.

Mit Einbrechen der Dunkelheit konnte ich ohne Schwierigkeiten das Lager verlassen und marschierte los. Mit Kompaßhilfe stand ich nach 2 Nächten frühmorgens bei Robert Meyer auf dem gesuchten Hof. Herr Meyer zeigte mir meinen genesenden Goldfuchs und gab ihn frei und mir großzügigerweise Zivilzeug. Auch Sattel und Kandare lagen noch im Stall. Ein kurzer Hauch in die Nüstern und einen Klaps auf den Hals als Begrüßung und wir beide machten uns auf das letzte Stück unseres gemeinsamen Weges Richtung Norden, nicht ohne unserem Gastgeber und seiner Tochter herzlichen Dank zu sagen. Letztere lotste uns noch über den Elbe-Lübeck-Kanal.

Höchste Konzentration war nun nötig, – z. Teil scharfes Galoppieren, aber auch längere Umwege oder beobachtendes Verhalten, weil englische Truppen auf den Straßen vorrückten. Aber heimatliche Gefilde halfen uns beim Futterbeschaffen und nächtlicher Quartiersuche. Mir war klar, daß ich für meinen „Altgold" alle Sorge aufwenden mußte.

Leider verlor er beim scharfen Reiten ein Eisen, noch dazu vorne und das führte bald zur Lahmheit. So mußte ich meinem Pferd Schonung zubilligen, – wenn auch die Heimatinsel fast schon in Sichtweite war. Zum Glück

Ein stolzer junger Reiter.

139

fanden wir beide bei Bekannten in Heringsdorf für einen Tag großzügige Unterkunft.

Danach wagte ich den Weiterritt und stand bald am Fehmarnsund, – vor einer englischen Fährbesatzung. Mit den letzten Englischkenntnissen konnte ich dem Posten überzeugen, als Bauer vorgestern auf dem Festland ein Pferd gekauft zu haben und nun wieder zurück mußte. Offensichtlich konnte er mit einem Pferd nichts anfangen und nahm uns mit aufs Schiff.

Es war ein herrliches Gefühl, das Pferd am Zügel führend, dem heimatlichen Hof zuzustreben.

Ich hatte meinem „Altgold" viel zu danken.

Reitstunde in Wenkendorf

Kurz vor dem letzten Krieg. Auf den Bauernhöfen wurden noch reichlich Pferde gehalten. Zweimal in der Woche ist abends Reitstunde angesagt. Niko, Claus, Hans, nochmal Hans, Joachim, Jep, Heinrich, trafen sich zur Turniervorbereitung.

Bauer Ernst hatte den Schalk im Nacken. „Niko, wenn Du mit meinem ‚Anton' heil nach Seelust kommst, kannst Du ihn behalten."

Niko war ein guter Reiter und kein Angsthase. Zunächst ging alles gut. Agnes, die Ehefrau von Ernst, schimpfte schon: „Wie kannst Du nur so leichtfertig ein Pferd weggeben!" „Warte man ab."

„Aaaanton."

Sofort stoppte Anton, und war nicht mehr von der Stelle zu bewegen. Weder vor- noch rückwärts. Es half nichts, Niko mußte absitzen und Anton wohlbehalten auf den Hof von Ernst C. zurückbringen.

Ein Laie wettet auf den Sieg im Skandal-Derby

Wer von uns hat schon Ahnung und Kenntnisse von der Vollblutzucht und vom Galopprennen. Trotzdem verfolgt die Familie stets das Derby in Hamburg-Horn im Fernsehen.

Im Jahre 1989 hatten wir in der Derby-Woche interessierte Pferdeleute als Feriengäste auf dem Hof. „Wo kann man hier die Pferdezeitungen, z.B.

Turf, kaufen? Wir wollen doch am Sonntag zum Derby nach Hamburg fahren und müssen für die Wetten noch die letzten Informationen haben."

„Hier beim örtlichen Zeitschriftenhandel nicht, da müssen sie schon nach Lübeck (ca. 80 km) fahren."

„Gut, Lübeck wollen wir uns sowieso einmal ansehen."

Noch bis zum letzten Tag war Turfkönig der große Favorit. Mondrian und vielleicht noch Oldham und Obrero wurden schon weniger Chancen eingeräumt.

Am Derby-Sonntag startet Familie Peters nach Hamburg. Herr Peters: „Heute nacht habe ich geträumt, daß Taishan gewinnen wird; aber ich werde doch wohl auf Turfkönig setzen."

„Würden Sie für uns dann auf Mondrian setzen?" „Ja, gerne."

Für uns also in diesem Jahr das Derby von besonderer Bedeutung. Wir haben erstmals gewettet. Irgendwie lag schon beim Aufgalopp besondere Spannung über das Geschehen. Einige Pferde gehen nur schwer in die Startbox. Da, der Start. Aber ein Pferd war noch nicht in der Startbox. Der Jockey von Turfkönig hatte das bemerkt, hält sich zurück und startet nicht full-speed. Aber es wird nicht Fehlstart gegeben.

Ein schnelles Rennen folgt. Außenseiter Taishan und Mondrian liegen vorn. Favorit Turfkönig hat aus dem letzten Drittel heraus keine Chance.

Der Sprecher im Fernsehen: „Mondrian kommt auf. Schafft er es noch? Da, was war das? Wurde Mondrian behindert?"

Tatsächlich rettet sich Taishan als erster über die Ziellinie. Unser Wettgeld ist also futsch. Wir schalten den Fernseher ab und den ganzen Abend nicht wieder an.

Gespannt erwarten wir die Rückkehr von Familie Peters. Aus Jux halten wir ihnen die geöffneten Hände entgegen und erwarten unseren großen Derbygewinn. Tatsächlich öffnet Frau Peters ihre Handtasche und legt uns den Gewinn für unseren Einsatz hinein. Wir sind überrascht.

„Ja, wissen Sie denn nicht, eine Stunde mußten wir auf den Richterspruch warten. Taishan wurde wegen Behinderung von Mondrian nur auf den 2. Platz gesetzt. Also Sieger Mondrian. Der Toto zahlt 60:10 auf Mondrian.

Das hatte es in der langen Derbytradition noch nie gegeben, daß ein vermeintlicher Derbysieger disqualifiziert wurde. Lautes Pfeifkonzert des sonst so gesitteten Derbypublikums. Ein wirkliches Skandalderby. Aber wie heißt es doch landläufig: Das Glück ist mit die Doofen.

Auch 1995 gewinnt Jockey Kevin Woodbom, damals Reiter von Mondrian, das Derby auf All my Dreams.

Wir alle wissen es, auch Hunde können sehr treu sein. Ob adliger Abstammung oder Promenadenmischung, sie sind zuverlässige und treuherzige Begleiter von Herrchen oder Frauchen. Auch zu den Kindern des Hauses haben Hunde oft ein besonderes inniges Verhältnis. Lassen wir die Förstersfrau einmal erzählen:

Der Hund des Försters

Dorit Frank, die Ehefrau des Försters

Das Leben eines Försters und das eines Forsthauses wird geprägt und erfüllt vom Dasein des Hundes. Ein Hund besitzt Charakter- und Wesensfestigkeit und eine gute Spürnase, er ist absolut treu, gehorsam und sanftmütig – alles Eigenschaften, die ein Mensch so vollkommen nie erreicht. Ohne Hund ist der Forstmann ein Krüppel, und für die junge Forstfrau ist er Wegbegleiter für Haushaltsführung und Kindererziehung. Er lehrt sie das Umgehen mit kleinen Häufchen und Wässerchen auf Teppich und Fußböden und das Verfolgen von Fußspuren mit Schrubber und Putzlumpen; er lehrt sie das Wiegen und Herumtragen von winselnden Wesen während der Nacht und das Umgehen mit Holzböcken, Flöhen und sonstigen lästigen Insekten. Sind die Kinder erst da, ersetzt er Babysitter und Spielgefährten und er ist Haushüter gegen fremde Eindringlinge und böse Nachbarn. Kurz gesagt: Hat man einen Hund, so kann man auf jegliche Haushaltshilfe technischer und personeller Art verzichten. – Das ist die erste Lektion, die eine angehende Försterfrau erteilt bekommt; besteht sie sie nicht, wird sie nie eine Förstersfrau werden! Als 1. Hund bekamen wir Alf vom Windachtal, einen hübschen kleinen Münsterländer adligen Geblüts. Er entsprach fast allen Idealvorstellungen, nur litt er leider unter epileptischen Anfällen – wegen Überzüchtung. Er mußte früh sein Leben lassen. Der nächste Hund war Flitz von Neub erg. Auch er war ein Prachtkerl und Herrschens Liebling. Nur konnte er stundenlang bellen, und wenn ihm die Hose des Briefträgers nicht paßte, dann zerrte er daran. Er erreichte ein gesegnetes Alter, und noch zu seinen Lebzeiten fand Quando von der Rimbachquelle seinen Einzug, damit dieser alle Tugenden und Untugenden seines Vorgängers übernähme und zu einem absoluten Musterexemplar heranwüchse. Quando möchte ich hier etwas näher charakterisieren und einige Geschichten erzählen, 1. weil alle Nachbarn und Verwandten ihn zur

Genüge kennen, und 2. weil man sagt, ein guter Hund nähme die Charakterzüge seines Herrchens an. Frauchen meint: Das könnte hier zutreffen, sie kann sich aber auch irren.

Quando sollte also besonders gut erzogen werden. Schon am 1. Tag wurde der Zwinger auf Vordermann gebracht, damit sich der Welpe gleich rechtzeitig an die Hundehütte gewöhne und die Sauerei in der Wohnung endlich aufhöre. Doch Quando wuselte so lange an dem Maschendraht herum, bis er endlich ein Schlupfloch fand und hindurchschlüpfte. Er setzte sich vor die Haustür und winselte so herzerbärmlich, daß die ganze Familie hinausstürzte, ihn nacheinander in die Arme nahm, ihn herzte und drückte mit Worten wie: „Du armes kleines Würmchen, hast Du es endlich geschafft?" Das „Würmchen" war mit seinem ersten Erfolg zufrieden und legte sich bequem auf einen Bettvorleger; wer weiß, vielleicht nahm ihn auch jemand mit ins Bett; das würde erklären, daß er heute immer noch bei jeder Gelegenheit in die Betten hüpft, auch wenn er noch so viel Senge dafür kriegt. – Aber der Kampf ums Hüttendasein war noch nicht ausgestanden. Der Förster knotete den Maschendraht enger zusammen und legte Bretter dazwischen, damit das Ausbrechen endgültig verhindert werde. Aber Quando erwies sich sehr früh als ein „Kopfhund", indem er nämlich mit dem Kopf durch die Wand wollte. Er kratzte und scharrte und nagte schließlich in gründlicher Kleinarbeit das Brett durch – und wieder einmal war der Weg in die Freiheit und damit ins warme Bett geebnet. Aber auch Herrchen ist ein Kopfmensch: Schließlich muß man zeigen, wer der Herr im Hause ist. Voller Selbstbewußtsein verbarrikadierte er den Zwinger mit Eisenstangen und Stacheldraht, so daß Quando keine Chance mehr hatte. Er tobte und winselte und bellte, so daß die Nachbarn mit der Polizei drohten – aber Herrchen blieb hart. Und seine Frau zitterte vor den Nachbarn und betete zu Gott, er möge doch ein Wunder geschehen lassen. Und siehe da, das Wunder geschah: nämlich in Form von Nachbars Katze, die plötzlich auf dem Hundehüttendach erschien und verächtlich auf den erbärmlichen Kläffer herunterschaute. Das war zu viel! Mit einem „Bärensatz" – wie von Adlers Fittichen getragen – sprang der kleine Kläffer auf das Hüttendach und hätte wohl die Katz gefressen, wenn sie nicht vor lauter Schreck auf den Baum gesprungen wäre. – Für Quando aber bedeutete das nur noch einen leichten Sprung in die Tiefe – und der Zwinger war für alle Zeit besiegt. Aber auch Frauchen hat manchmal glorreiche Ideen! Sie meinte, wenn man den ganzen Garten einzäune, dann könne er doch nach Herzenslust umherspringen und hätte nicht mehr so das Bedürfnis auszubrechen. Wilfried war anfangs nicht so begeistert davon, war es doch mit viel Arbeit und Unkosten verbunden. Aber seine Frau lag ihm so lange in den Ohren, bis er endlich an die Arbeit ging. Er holte sich Baumstämme aus dem Wald, Maschendraht aus Bad Mergentheim und Bruder Gerd zu Hilfe. Man schuftete und klopfte und schwitzte, der Vorschlaghammer fiel Wilfried auf den Fuß – aber der Indianer kennt keinen Schmerz, der Knochen war nicht einmal gebrochen. Endlich war das Werk vollbracht, und das Experiment konnte beginnen!

Quando wurde ausgesetzt und beobachtet. Er rannte sofort zielstrebig auf den Zaun zu, sprang an ihm hoch und versuchte ihn zu erstürmen. Das gelang ihm natürlich nicht, und so sauste er von einem Pfahl zum anderen und bepinkelte sie. Immer wieder versuchte er seine Sprungkünste und immer schneller zog er seine Kreise am Maschendrahtzaun entlang. Als alle Blumen zertrampelt waren, hatte er endlich die Lösung gefunden: Wie ein Fuchs grub er sich unterhalb des Zaunes eine Höhle, die auf der anderen Seite des Gartens seinen Ausgang fand., – Nach dieser Tat erhielt unser Hund den endgültigen Einzug in unsere Wohnung. Er hatte uns gezeigt, wer hier der Herr im Hause ist. Wie ein Pascha stolziert er seither durch sämtliche Räume, öffnet und schließt alle Türen und begutachtet jeden Besucher. Mag er ihn, legt er sich vor ihm auf den Buckel und läßt sich den Bauch kraulen, mag er ihn nicht, knurrt er seine Fersen an. Das ist eine praktische Sache: man weiß sofort, wen man reinlassen darf und wen nicht. Nur eines kann er auf den Tod nicht ausstehen: nämlich wenn man ihn im Haus alleine läßt. Dann tobt und reißt er sämtliche Blumen von den Fensterbänken und die Nachbarn aus dem Schlaf. Das hat zur Folge, daß immer jemand zu Hause bleiben muß und daß Herrchen und Frauchen nicht miteinander auszugehen brauchen.

Aber eigentlich ist unser Hund ja ein Jagdhund. Ein Jagdhund unterstützt den Jäger in allen Lebenslagen. Er verfolgt die Schweißfährte, er holt das Flugwild aus dem Wasser, er apportiert den Hasen und des abends die Hausschlappen. All das hatte Quado gelernt, und er bestand mit Bravour die Jugendsuche und die Herbstzuchtprüfung. Sein Herrchen war ganz stolz auf ihn! Aber manchmal sind Hunde auch nur Menschen. Eines Abends gingen die beiden auf Entenjagd an den Messelhäuser See. Eine Schof Enten kam gezogen, Wilfried zielte und – bauf – ließ er es fahren. Wie vom Blitz erschlagen plumpste die Ente herunter mitten auf den See. Jetzt ging der Befehl an Quando: „Such verloren Apport!" Quando tastete sich zum Ufer vor, hüpfte ins Wasser und stellte fest, daß er keine Lust hatte. Er drehte um, kletterte das Ufer wieder hoch und schüttelte sich, so daß dem Jäger die Tropfen um die Ohren sausten. „Quando, such verloren Apport!" ging die dringende Mahnung abermals an den Hund. Und Quando rutschte wieder die Böschung hinunter, schwamm ein paar Züge, bis ihm einfiel, daß er ja gar nicht wollte. Er drehte die Kurve und stand abermals unverrichteter Dinge vor seinem Jagdherrn. Der fing an zu fluchen: „Du elender Hundsverreckling! Suchst Du verloren Apport? Oder nicht?" Und er brach sich einen Stock ab und holte zum Schlag aus. Der arme Hund zog den Schwanz ein und sprang schon wieder ins Wasser. Aber nur bis zur Hälfte der Strecke. Dann machte er einen großen Bogen und landete am anderen Ende des Ufers – weit weg vom Schuß. Wilfried sah ein, daß nichts zu machen war und er selber in Aktion treten müsse. Er marschierte um den See herum bis zur Anglerhütte. Dort lieh er sich ein Boot, suchte sich einen Paddel und stach in See Richtung Ente. – An diesem Abend kam er besonders spät nach Hause mit seiner Beute. Es war ihm wohl wieder bewußt geworden, was für ein Krüppel man ist ohne Hund. Der aber war lange vor ihm schon im Auto gesessen und hatte zugeschaut, wie ein Mensch so eine Sache durchführte.

Eine Zeitlang standen die beiden in einem gespannten Verhältnis. Eines Tages rief ein Jagdkollege an und sagte: „Du, Wilfried, ich hab einen schlechten Schuß gemacht. Du hast doch so'n guten Hund, könnt Ihr nicht kommen, mir das Stück suchen helfen?" – Und Wilfried konnte. Im Stillen dachte er wohl: Wenn der Hundsknochen mich wieder blamiert, schieß ich ihm eine Ladung Schrot in den Hintern! Aber Quando hatte seinen guten Tag. Er nahm sein Herrchen an den Schweißriemen und zerrte ihn kilometerweit durch dick und dünn. Die Zungen hingen beiden aus dem Hals, als sie endlich vor dem halbtoten Wildstück standen und es erlösen konnten. Quando hatte seine Arbeit vortrefflich geleistet! Alle Jagdgenossen staunten und beglückwünschten den Förster wegen seines hervorragenden Hundes. Und Wilfried strahlte und erkannte wieder Mal, daß man ohne Hund einfach nicht leben könne. An dieser Stelle möchte ich mit einem sinnigen Sprichwort aus dem Taubergrund zum Abschluß kommen:

Weibersterben – kein Verderben,

Hundsverrecken – das sind Schrecken! !

Darüber lacht die Marsch

Sie waren gute Freunde, die bekannten Holsteiner Hengstaufzüchter Peter v. Dr. und Claus D. Mit sicherem Auge und angeborenem Pferdeverstand kauften beide Absatzfohlen, um sie als Hengstanwärter aufzuziehen. Auch untereinander wechselte manch gute Stute oder auch mal eine formschöne Kuh ihren Besitzer.

Als Zweijährige weideten beide ihre Junghengste auf der Insel Pagensand mitten in der Elbe. Dort konnten sich die kräftigen Fohlen auf den weiten Flächen beliebig austoben. Gutgenährt kamen sie im September wieder in den heimatlichen Stall, um sie im November der Körkommission vorzustellen.

Eine traurige Nachricht erreicht beide vom Pagenbauern: „Ein Hengst ist im Elbewatt ertrunken. Ihr müßt sofort kommen."

Mit der nächsten Flut setzen beide rüber auf die Insel. Von dem toten Hengst ist nichts zu sehen. Sie müssen die Ebbe abwarten. Der Pagenbauer hat den Grogkessel schon heiß, und mit ein paar steifen Grog vertreiben sie sich die Zeit.

Bei Ebbe entdecken sie den toten Hellbraunen im Watt. Gehört er nun Peter oder Claus? Beide hatten einen hellbraunen Junghengst ohne Abzeichen. Allerdings der eine hatte vorne links, der andere vorne rechts eine weiße Fessel.

Claus: „Dann ist es wohl Dein Tier, Peter, hier hast Du 600,– DM als Trost."

Für die Rückfahrt mußten sie die nächste Flut abwarten. Wieder halfen einige Grogs über den Schmerz. Außerdem: Wat good is för de Küll, is ok good för de Hitt.

Am nächsten Tag machen sich beide auf den Weg nach Elmshorn, um sich an Hand des amtlichen Dokuments, des Fohlenscheins, über den rechtmäßigen Besitzer zu überzeugen. Claus machte große Augen, er hatte mit 600,– DM seinen eigenen toten Hengst gekauft.

He sitt op'n Peerd, as een Ap op'n Knieptang.

Reitererfolge – Kavallerieschule – Olympiade

Mit Bewunderung haben wir alle die großen sportlichen Erfolge der DDR-Sportler verfolgt. Ganz erstaunlich die vielen errungenen Weltmeistertitel und Olympiasiege. Wieviel Trainingsfleiß, eiserne Selbstdisziplin, Verzicht auf Lebensqualität und Ein- und Unterordnung in die Gemeinschaft steht doch dahinter. Die großen sportlichen Erfolge haben dem Einzelnen, jedoch auch der gesamten ehemaligen DDR hohes Ansehen in der gesamten Welt verschafft.

Auf dem Gebiet der Reiterei war die DDR nicht so erfolgreich. Ich habe mich oft gefragt, woran das wohl gelegen hat.

Zu einem Reitererfolg gehören immer zwei. Hier müssen beide den Erfolg wollen. Ein Pferd läßt sich nicht trimmen. Gewiß, Veranlagung und Vermögen muß vorhanden sein. Aber nur das Paar ist erfolgreich, das sich voll aufeinander einstellt. Das Pferd muß Vertrauen zu seinem Reiter haben und der Reiter muß wissen, daß er ein lebendiges Wesen unterm Sattel hat.

Zwischen den letzten beiden Kriegen erlebte die Reiterei einen großen Aufschwung. Insbesondere in der Kavallerie in Frankreich, Schweden und Deutschland wurde beständig an der Verbesserung der Reitkunst gearbeitet. An der Kavallerieschule Hannover lehrten die besten Reitlehrer die hohe Kunst der Reiterei. Nicht ohne Erfolg.

Auf der Olympiade 1936 in Berlin errangen die deutschen Reiter, überwiegend Kavallerieoffiziere, alle 6 Gold- und 1 Silbermedaille. Sowohl in der Military, der Dressur und dem Jagdspringen stellten unsere Reiter den Olympiasieger und errangen den Mannschaftssieg. Deutsche Reitauffassung erlebte einen unvergleichlichen Triumph.

Auch unsere Pferdezüchter konnten stolz sein. Alle Pferde waren in Deutschland gezüchtet. In der Dressur entstammten sowohl der Goldmedaillengewinner „Kronos" als auch der Silbermedaillengewinner „Absinth" der Zucht des Ostpreußen Karl Rothe.

Noch nach dem letzten Krieg hat die gesamte ländliche Reiterei davon profitiert. Der verdiente, unvergessene Chefreitlehrer Max Habel hat viele Jahre an der Kavallerieschule gewirkt und konnte sein Wissen und Können an viele von uns weitergeben.

Auch für unser Reitsportidol schlechthin, Fritz Tiedemann, wurde der Grundstein für seine unvergleichlichen Erfolge in Hannover gelegt. Fritz Tiedemann war während seiner gesamten Laufbahn der beste Beweis für untadeliges reiterliches Handeln.

Reiterliches Können gepaart mit Sachverstand für die Stärken und Grenzen seiner Pferde haben ihm seine großen Erfolge gebracht. Pferd und Reiter verschmolzen zu einer Einheit.

Wünschen wir, daß auch in Zukunft alle Pferde Reiter finden, die genauso verständnisvoll ihre Pferde ausbilden. Der Erfolg wird nicht ausbleiben.

Die Tradition lebt noch einmal auf.

Gedenkfeiern zum 250jährigen Geburtstag eines großen Reiters

1992 erinnert sich die Stadt Rostock eines ihrer berühmtesten Söhne. Gebhard Leberecht Fürst v. Blücher wurde am 16. 12. 1742 in Rostock geboren. Der 250. Geburtstag sollte feierlich begangen werden. Über diesen außergewöhnlichen, in Norddeutschland bestens bekannten, Kavallerieoffizier möchte ich hier berichten.

Von Blücher ist uns allen als „Marschall Vorwärts" bekannt. Als 17jähriger trat er zunächst in schwedische Dienste, um dann für Preußen eine steile Soldatenlaufbahn einzuschlagen.

Nach der Niederlage der Preußen bei Jena und Auerstedt (1806 gegen Napoleon) kapitulierte er nicht, sondern setzte sich mit seinen Truppen bis nach Lübeck ab. In Ratekau (Blüchereiche) ergab er sich schließlich der französischen Übermacht, weil er keine Munition und Verpflegung mehr hatte.

Für Preußen war v. Blücher so wertvoll, daß er gegen einen frz. Marschall ausgetauscht wurde.

Als Befehlshaber der schlesisch-preußischen Truppen kann v. Blücher 1813 mit dem Sieg an der Katzbach („Wie Blücher an der Katzbach!") den Befreiungskriegen eine entscheidende Wende geben.

In der großen Völkerschlacht bei Leipzig erlitt Napoleon eine weitere Niederlage.

In die Geschichte eingegangen ist Blücher mit seinem Übergang über den Rhein bei Kaub in der Sylvesternacht 1813/14.

Seinen Beinamen „Marschall Vorwärts" konnte er bestätigen, als er mit seinen Reitern die endgültige Niederlage Napoleons 1815 bei Waterloo (Belle-Alliance) einleitete. Bekannt der Ausspruch des englischen Befehlshabers Wellington: „Ich wollte es würde Nacht oder die Preußen kämen." Von Blücher kam und konnte seine beweglichen Reitertruppen schnell an die brenzlichen Punkte bringen.

Ich will hier nicht den Krieg verherrlichen, aber ich habe allerhöchste Hochachtung vor Soldaten, die in der Verteidigung ihres Vaterlandes ihre Pflicht getan haben.

Bei der Kavallerie kam die Verbundenheit und gegenseitige Achtung von Mensch und Kreatur hinzu. Beide konnten sich aufeinander verlassen. Pferde spüren Gefahren, die der Mensch noch gar nicht sieht.

Angehörige aus der v. Blücher-Familie nehmen am 250. Geburtstag von Fürst v. Blücher im Jahre 1992 teil.

(Kavallerie = frz. Cavalier – Reiter, Ritter. Auch wir leiten Kavalier davon ab, also taktvoller, freundlicher, zuvorkommender Mann. Ein Reiter ist Kavalier zu seinem Pferd.)

Wir verabscheuen zu Recht den Krieg. Werden aber täglich im Fernsehen damit konfrontiert. Moslems und Kroaten verteidigen ihre Heimat gegen Serben. Tschetschenen kämpfen gegen Russen und Palästinenser gegen Israelis und umgekehrt.

Die frz. Resistance half dabei, Frankreich vom Naziregime zu befreien.

Ist da eigentlich ein Unterschied zwischen Soldaten und Zivilkämpfern? Irgendwo auf dieser Welt wird immer gekämpft. Allerdings oft nur, um das Geltungsbedürfnis einiger Machtbesessener zu befriedigen.

Freuen wir uns in Deutschland, daß wir nun schon 50 Jahre Frieden haben. Sollten oder dürfen wir aber diejenigen vergessen, die nur ihre Pflicht getan haben, und manche haben eben mehr als nur ihre Pflicht getan.

Der Araber und sein Pferd

1. Der Pascha zu Mardin bei Bagdad stand schon lange mit einem arabischen Stamme wegen einer schönen Stute in Unterhandlung. Endlich einigte man sich zu dem Preise von sechzig Beuteln, d.h. einer Summe von fast sechstausend Mark. Zur verabredeten Stunde trifft der Häuptling des Stammes mit seiner Stute im Hofe des Paschas ein. Dieser versucht noch zu handeln, aber der Scheich erwidert stolz, daß er nicht einen Para ablasse. Verdrießlich wirft der Türke die Summe hin, mit der Äußerung, daß dreißigtausend Piaster ein unerhörter Preis für ein Pferd seien. Der Araber blickt ihn schweigend an und bindet das Geld ganz ruhig in seinen weißen Mantel; dann steigt er in den Hof hinab, um Abschied von seinem Tiere zu nehmen. Er murmelt ihm einige arabische Worte ins Ohr, streicht ihm über Stirn und Augen, untersucht die Hufe und schreitet bedächtig und musternd rings um das aufmerksame Tier. Plötzlich, ehe noch ein anderer es ahnt, schwingt er sich auf den nackten Rücken des Pferdes, das nun augenblicklich zum Hofe hinausschießt.

2. In der Regel stehen bei den Morgenländern die Pferde Tag und Nacht angeschirrt, mit dem Sattel aus Filzdecken auf dem Rücken. Jeder vornehme Mann hat wenigstens einen oder zwei Renner im Stalle bereit, die der Reiter nur noch zu zäumen braucht. Die Araber der Wüste jedoch reiten ganz ohne Zaum, indem der Halfterstrick genügt, um das Pferd anzuhalten, und ein leiser Schlag mit der flachen Hand auf den Hals es beliebig links oder rechts lenkt. So dauert es nur wenige Augenblicke, da saßen die Agas (Aufseher) des Paschas im Sattel und jagten dem Flüchtlinge nach; der unbeschlagene Huf des arabischen Rosses hatte noch nie ein Steinpflaster betreten; es mußte also mit Vorsicht den holprigen, steilen Weg vom Schlosse hinuntereilen. Am Ausgange des Ortes hatten denn auch die Agas den Scheich beinahe ereilt. Aber jetzt sind sie in der Ebene, der Araber ist in seinem Elemente und jagt fort in gerader Richtung, unermüdlich, unerreichbar; denn hier hemmen weder Gräben noch Hecken, weder Flüsse noch Berge seinen Lauf. Einem geübten Jockei gleich, der die Spitze des Wettrennens führt, kommt es dem Scheich darauf an, nicht so schnell, sondern so langsam wie möglich zu reiten. Indem er sich beständig nach seinen Verfolgern umblickt, hält er sich auf Schußweite von ihnen entfernt, Dringen sie auf ihn ein, so beschleunigt er seine Flucht; bleiben sie zurück, so hemmt er den Lauf seines Tieres; halten sie an, so reitet er Schritt. In dieser Weise geht die Jagd fort, bis die glühende Sonnenscheibe sich gegen Abend senkt.

152

Da erst nimmt der Scheich alle Kräfte seines Rosses in Anspruch; er lehnt sich vornüber, stößt die Fersen in die Flanken des Tieres und schießt mit einem lauten Geschrei davon. Der feste Rasen erdröhnt unter dem Stampfen der kräftigen Hufe, und bald zeigt nur noch eine fern aufwirbelnde Dampf- und Staubwolke den Verfolgern die Richtung an, in welcher der Araber entrann.

3. Im Orient, wo die Sonne fast lotrecht unter den Horizont hinabsinkt, ist die Dämmerung äußerst kurz, und die Nacht verdeckte also bald jede Spur des Beduinen. Die Türken, ohne Lebensmittel für sich, ohne Wasser für ihre Pferde, waren wohl zwölf bis fünfzehn Stunden von ihrer Heimat entfernt und in einer ihnen gänzlich unbekannten Gegend. Was war zu tun, als umzukehren und dem erzürnten Herrn die unwillkommene Botschaft zu bringen, daß Roß und Reiter verloren seien! Erst am dritten Abend trafen sie, halbtot vor Erschöpfung und Hunger, mit Pferden, die sich kaum noch fortschleppten, in Mardin wieder ein. Es blieb ihnen nur der traurige Trost, über dieses neue Beispiel arabischer Treulosigkeit laut zu zürnen, wobei sie ab er doch genötigt waren, dem Pferde des Verräters alle Gerechtigkeit widerfahren zu lassen und einzugestehen, daß ein solches Tier nicht zu teuer bezahlt worden war.

Am folgenden Morgen, als eben der Priester zum Frühgebete ruft, hört der Pascha Hufschlag unter seinen Fenstern, und in den Hof reitet ganz harmlos unser Scheich. „Herr", ruft er hinauf, „Herr, willst du dein Geld oder mein Pferd?"

Soviel Körner Gerste Du Deinem Pferde gibst,
soviel Sünden werden Dir vergeben.

(Arabischer Sinnspruch)

153

Wie treu Pferde sein können

Hans Fölster / Hans Detlef

Wie treu Pferde sein können, erlebten wir im letzten Krieg: Ein Soldat, so ein richtiger Pferdekerl, in abgewetzten grauen Hosen und Stulpenstiefeln, war beim Troß unserer Batterie. Mehr noch, er war das Versorgungsgenie der Truppe. Er fuhr nicht nur die Verpflegung heran und Verwundete aus der Schußlinie, sondern half auch einem Krad, manchmal einen Geländewagen aus dem Morast, wo es nötig war. Also war er ein wichtiger Mann und er hatte gute Pferde. Nicht so, wie man sich Pferde heute vorstellt, die wohlgenährt, blankgeputzt und durchtrainiert, auf den Punkt genau für Hochleistungen aufgezäumt werden.

Nein, diese Pferde waren anders. Sie hatten ausgeprägte Hüftknochen, starke Gelenke für den Zug, ein rauhes aber gesundes Fell. Sie konnten im Stehen dösen und die lange Mähne im Wind spielen lassen. Sie hatten Vertrauen zu dem Mann, der roch, wie ein Pferdemann riechen muß. Er ließ sie frei laufen bei jeder Gelegenheit und sie umkreisten ihn und seinen Wagen. Sie entfernten sich nie von ihrem Herrn, mußte er wieder anspannen genügte ein Zuruf. Sie hörten aufs Wort. Es war das intime Maß der Verständigung in der Abhängigkeit voneinander. Er konnte sie durch Klopfen und Streicheln überreden, sich im Geschirr hinzulegen, um immer zum Abmarsch bereit zu sein, so wie es verlangt wurde, als es rückwärts lief. Durch die ausgemergelte Steppe über die der Staub der Flucht stand. Und die Pferde in den Sielen standen, weil sie wichtiger wurden als der Motor, der seinen letzten Tropfen Petrol verbrannt hatte. Schließlich die Weichsel, die breit und schwermütig dahinfließt. Ein Fahrer wie er, trennt sich nicht von seinen Pferden, weil sie ein Stück von ihm sind. Dort blieben sie stehen. Die Dörfer standen in Asche. Der Geruch der Zerstörung. Die Brücken gesprengt. Ein Mann läßt seine Pferde nicht allein. Er läßt den Wagen stehen. Die Pferde stehen über ihm oder abwechselnd am Schilf. Die Natur hat ihnen nicht die Gabe gegeben, diesen Krieg zu begreifen. So stehen sie bei ihm für einige Tage, als die Welle der dröhnenden Gewalt näher kommt. Da entschließt sich der Landser mit seinen treuen Pferden den Fluß zu durchqueren. Unter großen Anstrengungen und stark unterkühlt, erreichen sie das rettende Ufer.

„*Columbus*"

Dieter Hopfe

„Alles Glück dieser Erde, liegt auf dem Rücken der Pferde!"
Neegenteinhundertdreeunveertich keem ick to miene Groodöllern, um
hier grood to warn. Eehr Sön weer op de Krim full'n. Hier weer ick ock in
de Sloopstuuv to Welt kummen.

In't Dörp Bargheidel weern dat Tante Miene un Onkel Ernst, ok „Stali-
pien" roopen. He weer Veehändler un hannelte mit Oss'n un Kööh. Dorför
stünn un's Hengst „COLUMBUS" in de Box. Groodvadder verstüü´n ok
wat von Peer. He weer 1906–1909 bi dat 2. Eskr. Husaren Reg. der Königin
„Wilhelmina der Niederlande", Hannover. Reg. Nr. 15 der „Wandsbeker
Blauen Husaren".

Sien Hannel, sowiet dat güng, in de slechte Tied, müüs he mit Peerd un
Wogen absolweeren. Un wenn „Stalepie" mool een öber'n Döös drunken
harr, jie weet dat doch, von't sülbst gebrannten Rööben – or Kantüffel-
snaps, denn seet de Ool op sien Kutschbock, sien „Columbus" brüng eem
no Huus. Columbus wüüs halt, wo't noch gooden Hafern to freeten geef.

Somit keem ik bannich fröh to de Riederee. Toerst ohne Sattel, eenfach
op'n Rüch un mit Tuuntüch. Opa weer ok Rietlehrer un grön' denn
„RUF" Bargheidel. De Buuernjungs ut Dörp kreegen Ünnerich in dat
Dressur- und Springrieden. Mien Columbus un ik müss'n mit. Acheran
müss he ober ördentlich putz' un gestriegelt war'n, süün's kun de „Ool"
mit de Rietpietsch dat fürchten lern! Op de Tuniere, un to Ringrieden müss
ik Columbus richtig schick mooken. Meene un Steert schön inflechten. Aff
un to müssen wie beiden ock mit to Riederhochtieden. Spalier stoohn. Ik
mit de widde lange Büx, blaue Jack', Halsdoog, un ne Riederkapp. Weer'n
snicken Bengel, Miene's un Ernst eehr ganzer Stolz. Dat weer schon so, ohne Columbus un mie güng gornichts mehr. Un richtig stolz weer he dann,
wenn „Columbus" eene Schleep achter dat Ohr steeken bekeem. Un ik ers-
mool.

Ok mit Heu inföören müss „Columbus". Von Nohbor Suuern keem
noch „Fiedes" dorto. Wie Kinner seeten booben op den Wogen. Bevor he
in de Schüün to'n afflooden keem, hüll Opa genau ünner'n Kirschboom,
mit reepen, swatten Kirschen. Wie müssen uns erst weeke plüggen. Schöö-
ne Tied!

Neegenteinhunnertneegenunfertich güng dat mit un's „Columbus" för de Kutsch' no dat erste Landestunier in Bad-Segebarg. Domols weer noch al'ns tosommen Abteilungsrieden, Dressur-, Spring- un praktische Foorerprüfung. De erste Sieger der Riet- un Foorvereene von Sleswig-Holsteen weer de Lasbeker Vereen von Riederbund Stormarn. De Rietlehrer weer een oolen Fründ fon mien „Onkel Ernst". Ik heff noch in Erinnerung dat weer koot for dat Jachspringen. Ik bünn mit miene widde Büx an'n Woogen hängen bleeben, un schon harr ik een Dreeangel in de Büx, keem keene Begeisterung op. Hütt kann ik dat verstahn. Denn feerten Platz hett domols mit elben Joor „Sönke Sönksen" innommen.

Toletzt heff ik mit „Columbus", to Vogelscheeten miene beeden Sister's dörch dat Döörp kutscheert. Se weer'n Königinnen worn. „Columbus" un de Kutsch' scheun mit Blomen un Eikenblää' utstaffiert.

Eenes morgens ganz frööh, weert mit „Columbus" förbi. He weer bannich old woorn, un keem nich mehr hoch. Harr nachts eene schwore Kolik kreegen. Dorfon hett he sick nich' meer erholt. „Columbus" müüs inschleepert warn.

Feele Traanen lööpen mi öber dat Gesicht. Dat geef keenen nieten „Columbus", un ik kunn keene frischen Appels, Wüddeln ut'n Gorden, eem in'ne Hand hinhoolen, keen Stück Zucker oder eenen Swattbrotknust för eene Belobigung. Ut un vorbi. Twee Schiller hüngen noch 'ne ganze Tied in siene Box, de harr Opa dor ophängt:

„Ich hab' gedient zu Pferd und Fuß! Hab' auch gegeben manchen Kuß!"

Und: „Ein guter Reiter weiß ganz genau, zuerst das PFERD und dann die Frau!"

Hier treckt mi keen 10 Peer weg.

Bauer: „Mensch, Korl Fiete, Du wullt mi een goodes Eenspännerpeerd verköpen, de is je op een Oog blind!"
Händler: „Dat maakt doch nix, wat he op de Henntour nich süht, dat süht he doch op de Trüchtour!"

Pflichtbewußter Lehrling –
das Pferd kann helfen

Der Winter 1947/48 war wieder besonders streng. Es fiel reichlich Schnee. Lehrling Hans hatte Sonntagsurlaub. In diesen Jahren fuhren die Lehrlinge (so hieß es damals noch) mit dem Fahrrad, wenn die Lehrstelle nicht gar so weit von zu Hause entfernt war. Die Entfernungen auf der Insel Fehmarn waren also zu schaffen.

In der Nacht von Sonnabend auf Sonntag stürmte es mal wieder heftig. An ein Durchkommen mit dem Fahrrad war nicht zu denken. Der Lehrherr Heinrich (streng, aber gerecht) erwartete seinen Lehrling am Sonntagabend natürlich zurück. Hans zu seinem Vater: „Vater bringst Du mich mit der Gig wieder hin? Bei den Schneemassen kommt nur das Pferd durch." „Nimm Du man unsere Lotte, und wenn Du in Sahrensdorf bist, ziehst Du ihr den Zügel vom Kopf. Unsere Lotte findet den Weg allein zurück." So geschah es.

Auch der beste Gaul stolpert einmal.

Immer langsam mit den jungen Pferden.

Ich denk mich tritt ein Pferd.

Das hält ja kein Pferd aus.

„Ein Pferd, ein Pferd, mein Königreich für ein Pferd", läßt Shakespeare schon König Richard III. nach einer verlorenen Schlacht sagen.

Erlebnisse eines Bauern aus Sehlem

Karl Schaper

Was wäre die Erde ohne Menschen? Was wären die Menschen ohne Pferde gewesen? Selbst einige Jahre bei einer bespannten/berittenen Truppe im Krieg gewesen, möchte ich aus dieser Warte heraus beginnen. Krieg und Pferde: „Dem Massenleid der Menschen stand das Elend der hilflosen, geschundenen Kreatur gegenüber, denn schon immer waren die Kriege der Menschen auch die Leidensgeschichten der Pferde im Lauf der Zeit. Die Befürchtungen der Nachkriegsjahre, daß die so rasant fortschreitende Motorisierung und Mechanisierung das Pferd bald aussterben lassen würde, hat sich nicht bewahrheitet. Der Reitsport wurde beliebter. Allerdings als Haustier vor dem Pflug oder als Streitroß ist es überflüssig geworden."

Ein Lehrsatz bei unserer Rekrutenausbildung war:

„Das Pferd ist das edelste Tier überhaupt; und es können nicht alle, die auf einem Pferd sitzen – reiten! Jeder Reiter wird es irgendwann schon erlebt haben, oder noch erleben: Wer das innere Wesen des Pferdes und des Reitens nicht begreift, wird mit einem Pferd auch nichts erreichen. Das Pferd ist auch so ein Erzieher des Menschen. Wer sich mit ihm abgibt und von ihm nicht nur geduldet, sondern akzeptiert oder sogar geliebt wird, der muß anständig bis in die Knochen sein; darin irren sich die Pferde nie!"

Wir haben es im Einsatz, aber auch im späteren Beruf oft erfahren, daß sie bereit sind, dem das Letzte zu geben an Leistung, von dem sie wissen, daß er es im Grunde gut mit ihnen meint!

Wer von uns lernte sie nicht kennen, die Sprüche in den Ställen der Kasernen:

Wer Frauen sucht und Pferde ohne Mängel, hat nie ein Roß im Stall, im Bett nie einen Engel!

Von dreien Ding gibt's Stöß auf Erden: von Weibern, Wein, und jungen Pferden!

Vor drei Dingen sei auf der Hut: dem Vorderteil eines Weibes, Hinterteil eines Pferdes, Schmeichler von allen Seiten!

Wer nicht Lust hat an einem stolzen Pferd, und nicht an einem schmucken Weib, der hat kein Herz im Leib!

„Karrengäule müssen ihren Trott gehen, Rennpferde dürfen auch mal ausbrechen!"

„Ich hab so manche Maid geküßt, in diesem und im fernen Land,
auf manches Pferdes Widerrist lag zügelhaltend meine Hand; . . ."

„Es soll der Mensch so lang er lebt, recht tugendhaft und brav sein;
doch wenn der Wind mal günstig weht, dann soll er auch kein Schaf sein!"

Pferde waren Jahrhunderte hindurch das Wichtigste auf den Höfen

Oft zeigten die Pferde auf feuchtem Acker beim Zuckerrübenfahren ihre Bereitschaft, ja Ehrgeiz ihre ganze Kraft, fast mit dem Bauch auf der Erde, die schweren Wagen fortzubewegen. Sie mußten allerdings aus Erfahrung wissen, daß nichts Unmögliches verlangt und ihre Leistung anerkannt wurde. Das letzte Pferd auf unserem Hof war die Rotschimmelstute Liese, sie blieb noch neben dem ersten 1951 gekauften Schlepper mit 27 PS oft zum Vorhängen beim Pflügen und Rübenroden und -abfahren neben den Pflegearbeiten. Erst 1965 nach Anschaffung des stärkeren 52er kam sie noch fünf Jahre zum Nachbarn.

Als Heranwachsende, aber auch schon als Kinder, suchten wir uns die erwachsenen Gesprächspartner unter Leuten mit Pferdeverstand, man konnte nicht genug davon reden. Wir suchten sie oft in arbeitsärmerer Zeit auf. Oft wurde es natürlich auch hochstilisiert zu einer reinen Wissenschaft.

Des Stiefvaters Erzählen, vier Jahre Stangenfahrer bei schwerer Artillerie, lesen von Pferdegeschichten (Der Araber und sein Pferd), gaben schon der kindlichen Fantasie viel Auftrieb. Später kamen ja dann: Der schwarze Hengst Bento; Maestoso Austria; Deflorata; Meines Vaters Pferde; . . . reitet für Deutschland u. a. Als Junge hing ich sehr an den kleinen Fohlen, die auf dem Hof geboren wurden. Wurden sie nach vier Monaten verkauft, wurde ich vorher weggeschickt, um dem Tränenfluß zu entweichen. Ein öfterer Besuch wurde jedesmal versprochen. Jedes Tier hatte schon als Fohlen seine Besonderheiten und ideellen Werte. Liebe zu Pferden wie auch Hunden kann etwas sehr Schönes sein, sie sind die dankbarsten und treuesten unter den Tieren. Einen besonderen Platz nahm dabei unsere Staatsprämienstute Setty ein, die uns neben ihrer Arbeit zwölf Fohlen zur Welt brachte. Ihre Fohlen waren immer im voraus bestellt. Sie gab sicher jedem einen Teil mit, doch keines wurde so wie sie, konnte einem späteren Vergleich standhalten. Sie war ein fast legendäres Pferd, heute nach 50 Jahren wird sie manchmal noch von Älteren erwähnt, die sie erlebten, voll Bewunderung.

Damals war hinter den Gebäuden die Hofweide für die Stute mit Fohlen. Als Junge legte ich mich in einem Buch lesend oft dazu ins Gras. Im Winter bei Bewegungsmangel führte ich sie mit nebenherlaufendem Fohlen oft durch Dorf und Feldwege aus. Bewundernde Blicke der Leute erfüllten mich mit Stolz. Sie war ein Begriff in der Gegend, ein Statussymbol für den Besitzer, wie überhaupt gut gefütterte Pferde ein Aushängeschild, wie heute der Wagen mit „Stern", Wohlstand des Hofes anzeigten. Sie zeigte auch bei der Arbeit immer Haltung, unermüdlichen Fleiß und Einsatzbereitschaft; sie brauchte nie angetrieben zu werden, würde das als Beleidigung empfunden haben, wie auch eine Peitsche völlig tabu war. Nur mit Worten, am Tonfall spürte sie, was gefordert wurde. Immer aufmerksam ging sie als linkes Pferd „auf der Hand" (bei der Wehrmacht war rechts das Handpferd, wurde links im Sattel geführt), eine Tockeleine nur für sie führte neben den Worten das Gespann. Alles weitere hätte sie nervös gemacht. Kam sie Mittags oder Abends vom Feld nach Haus, freute sie sich und das Fohlen im Stall in einiger Entfernung schon durch lautes Wiehern auf das Wiedersehen (auch wir). Man konnte kaum noch die erhitzten ersten Milchstrahlen abstreifen, durch beider Ungeduld.

Die Worte des Stiefvaters beim Pflügen, von weiterher, wegen Nebel das Gespann oft nicht sichtbar, lieferte den Leuten erheiternden Gesprächsstoff. „Langsam Setty, ach geh doch langsam Setty." Jedoch auch beim Ausfahren mit der Kutsche, im Winter mit Schlitten, gab sie durch ihre Haltung ein schönes Bild, ehrte den Besitzer.

Nicht nur den Pferde prickelte manchmal der Hafer: In noch früheren Jahren hatte der Großvater sich mit einigen Berufskollegen verabredet zu Besorgungen in die zehn Kilometer entfernte Kreisstadt zu fahren; er stellte das Pferd, den beiden anderen gehörte die Kutsche. Auf dem Heimweg über den Adenstedter Berg bekamen sie Krach miteinander. Dem Opa wurde gesagt: „Wenn du nich balle stille bist, smöiet wöi deck riuter, denn de Kutsche gehört ösch!" Zu einer kleinen Pause für die Büsche wurde angehalten. Die Gelegenheit benutztend, spannte Opa das Pferd aus und schwang sich drauf. Im Wegreiten rief er denen noch zu: „Damit jöi et eok wettet, dat Peerd is möine!" Die kamen mit der Kutsche ohne Pferd ins Dorf.

Geländeritt

Dazu kam es unbeabsichtigt in dieser Zeit. Auf dem betreffenden Hof, wo ich nun tätig war, befand sich neben den beiden Gespannen ein fünftes Pferd, welches ich reiten konnte; sonntags oder abends wie ich Zeit und Lust hatte. Gelegentlich traf ich dabei auf den Baron v. Cr. Beide Pferde erschraken zwar, wenn sie im Wald plötzlich voreinander standen, doch sein Schimmelhengst und mein Wallach taten sich ja nichts. Wir konnten ruhig ein kurzes Gespräch führen, was sich in den Folgejahren auch manchmal ergab, wenn er durch Sehlems Feldmark zum Nachbargut ritt. – Doch einmal war es anders:

Ein jüngerer Landwirt aus Sehlem bewegte Sonntagvormittag oben im Wald eines seiner Pferde; der Baron war auch wieder unterwegs. Plötzlich stießen sie aufeinander: die Stute hatte sich so erschrocken vor dem weißen Hengst, daß sie auf der Hinterhand kehrt machte und nicht zu halten war. Ebenso hart zeigte sich der Hengst und setzte hinterher. So jagten beide Reiter, ihrer Pferde nicht Herr, quer durch den Nußberg dem Kirchweg zu. Unten auf dem Sportplatz „war Betrieb". Man sah die Pferde in voller Karriere den Berg runterkommen, die Reiter noch „oben". Nicht weit vom Dorf fiel der Baron runter, der Hengst lief weiter, unten konnten die Sportler die Pferde zum Halten bringen.

Der Baron kam humpelnd näher, sich die Seite haltend und ging ärgerlich auf seinen Mitstreiter zu: „Sie mögen vielleicht halbwegs reiten können, aber Reiterehre und Reiteranstand besitzen Sie für keine 2 Pfennig. Wenn ein Reiter sieht, daß ein anderer in Gefahr ist, versucht er doch sein Pferd anzuhalten" Der sah ihn nur von der Seite an: „Ich bin doch oben geblieben!" Der Baron schüttelte nur mit dem Kopf, man half ihm aufs Pferd und er ritt nachdenklich davon!

Karl erzählt von seinen Kriegserlebnissen mit den Pferden

Während des Rückzuges 1944/45 durch Italien hatte unsere Einheit schwere Verluste an Menschen, Tieren und Material. Sehr oft waren wir ganz auf uns allein gestellt.

Aus der Gegenrichtung kam ein führerloses Gespann auf der Straße angaloppiert, Muniwagen unserer 5., dahinter das Reitpferd von Hptwmstr. *Domeier* fest gebunden, mit langem Hals hinterher; es war als einziges bis zuletzt nur geritten. Da wir alles verloren hatte, dachte ich wenigstens noch etwas von der Batterie zu retten. Wozu eigentlich, wußte ich auch nicht.

Ich sprang aus dem Graben, hängte mich hinten ans Fahrzeug, um aufzuklettern, bekam das Pferd auch losgebunden. Es war gesattelt und ich setzte mich drauf, um abwechselnd im Trab und Galopp Richtung Po zu kommen. Die anderen sah ich nicht mehr, obwohl ich öfter Gruppen von Landsern überholte (später hörte ich von Kameraden, daß sie mich vorbeigaloppieren sahen), es war schon dunkel mit etwas Mondschein. Bald stieß ich auf brennende motorisierte Fahrzeuge zwischen Häusergruppen. Da ich von der Fst. her nur Schuhe, Hose und Hemd anhatte, nahm ich eine Feldbluse und M.P. an mich; das Pferd war nicht durchzubringen in seiner Angst. Partisanen kamen, schossen z. T. mit Leuchtspur auf das große Ziel, das ich bot. Ich versuchte wieder zurück seitlich durchzubrechen, geriet aber in noch stärkeren Beschuß und mußte dieses „Bild von einem Pferd", der ganze Stolz meines Wachmeisters, laufen lassen. Es ging dann erst zu Fuß, dann mit einem Fahrrad in die nun mondhelle Nacht hinein. Nach einigen Kilometern kam ein Kübelwagen überholend an mich heran, drei Zahlmeister fragten nach der Lage, wie weit der Ami schon sei? Sie nahmen mich mit, da ich ja eine M.P. für alle „Fälle" hatte. Es ging vorbei an brennenden, zusammengebombten Fahrzeugen und Stellungen. Ich saß vorn auf dem Kühler, zwei standen hinten drauf, waren schußbereit nach allen Seiten, immer noch Richtung *Cremona*, trieben zur Eile und fuhren dabei in eine Bereitstellung des Ami hinein, Schußwechsel und kehrt. Je näher wir dem Fluß Po kamen, desto mehr herrenlose Pferde sahen wir. Mir ging durch den Kopf, daß unsere Väter im Ersten Weltkrieg auch mit Pferden nach Haus gekommen waren, konnten sie bei Rückkehr und Auflösung der Truppe im Reich für wenig Geld erwerben. (Wußte nicht, daß ich auch in Deutschland nicht weit kam.)

,Drüben' hatte man ja Auswahl, ich setzte mich in einen Doccard mit davor grasendem Pferd, suchte rum und band dann zwei kräftige „Hannoveraner"-Wallache hinten an die Achse, Sättel mit dabei.

Der Zutritt zur Fähre wurde mir jedoch durch zwei Offiziere verwehrt mit dem Hinweis, jetzt sei ,ihre' Einheit allein am Übersetzen und es käme keiner dazwischen. Nach einem nochmaligen, gescheitertem Versuch, ich glaubte mich unbeachtet; sie gaben einige Warnschüsse auf mich ab, gab ich auf. Ich zog mit meinen ,Beiden' am Po-Ufer entlang diesmal in anderer Richtung um mit denen nun doch zu schwimmen. (Bei der „Reichswehr" hatte früher so etwas zur Ausbildung gehört, wohl nicht so extrem?)

Die Pferde waren nur rückwärts, mit den Augen verhängt in das Wasser zu bringen, bäumten sich vorher immer auf, sobald der Grund unter den Füßen weg war.

Zwei Pioniere im Schlauchboot hatten mein *Mühen* beobachtet, kamen an und erklärten, daß sie von ihrer Einheit beauftragt seien, Soldaten mit rüberzuholen. Eigentlich war ich froh darüber, denn ich wußte nicht sicher, daß es mir allein glückte, schwamm zwischen ihnen, die Zügel über die Arme gehängt. Jetzt halfen die Pioniere mir ins Boot zu klettern. Die ruderten mit dem Paddel, ich zog kniend, beruhigend auf sie einsprechend, die Pferde am Zügel hinterher. Ein Bild, das man nicht vergißt: Sie sahen nur mit hochgestrecktem Kopf und hinten etwas mit der Kruppe aus dem Wasser. Mit jedem Atemzug die Nüstern blähend und prustend, sahen sie mich so vertrauensvoll, an bei dieser Aktion, als sei es die selbstverständlichste Sache von der Welt, als ob ihnen von Menschen noch nie Böses widerfahren wäre und auch ich es nur gut mit ihnen meinen konnte! Sie machten den beiden mit den Paddeln es nicht schwer, ruderten mit den Beinen mit, beeinflußten das Abtreiben von ca. 300 m bei der Strömung kaum. Beim Näherkommen des Ufers versuchten sie dann, schon am Boot vorbeizuziehen, um an Land zu kommen.

Die ängstlichen Landser fingen daraufhin an, auf mich einzuschlagen und zu schreien, ich sollte sofort die Pferd loslassen, die würden das Boot umkippen!

Da für mich die friedliche Absicht der Pferde erkennbar war, gab es eine Rangelei, bei der einer der beiden ins Wasser fiel und abtrieb. Mit dem einen konnte ich noch fertig werden, bedrohte ihn, daß er hinterher fliegen würde!

Am Ufer angekommen, waren schon Pioniere der Einheit zur Stelle um mir die Pferde abzunehmen, bevor ich die Sättel auflegen konnte. Es kam zur Schlägerei. Zum Vorteil für mich, daß einige Landser unserer Artillerie-Abteilung angerannt kamen und mir halfen. Diese Angelegenheit diskutierend, kamen wir dahinter: südlich des Po liefen die Pferde, solche, wie sie die Italiener vorher nicht kannten, zu Hunderten rum. Auf der nördlichen Seite gab es die nicht, und so machten die Pioniere ‚ihr Geschäft‘ daraus und holten die Pferde mit ihrem Begleiter rüber, um sie ihm abzunehmen und an die wartenden Italiener zu verkaufen!!

Durch den Po hatte ich meine Pferde und sie mich gut durchgebracht. Ich hatte schnell Freundschaft mit ihnen geschlossen. Allerdings in die dann doch folgende Gefangenschaft konnte ich sie nicht mitnehmen.

Zuckerrübenroden: der Trecker allein schafft es nicht.

Eine sonntägliche Schlittenfahrt im Vierspänner.

Jedes Hindernis wird überwunden.

Verdiente Ruhepause.

165

Sieger und Placierte

Heut' hast du dort gestanden,
wo mancher stehen wollt',
die nicht zur Spitze fanden,
wo du bekamst das Gold.

Sei stets im Sieg bescheiden,
freu' dich nur wie ein Kind,
dann können dich auch leiden,
die unterlegen sind.

Stehst du einmal nicht oben,
war dir das Glück nicht hold,
dann fühl dich stark zu lob en,
gönn' auch dem Gegner Gold.

Man braucht nicht allzeit siegen,
nicht immer vorne sein;
kannst du nicht unterliegen,
tret' in den Kampf nicht ein.

Oft wirst du nur geschlagen
um eine Kleinigkeit;
tröst' dich, du kannst ja sagen:
„Zum Sieg war es nicht weit."

Jann-Dieken Frieling

„Hanko" von Langen

Die letzte Seite dieses Buches sei einem ganz besonderen Paar gewidmet. Beide kehrten schwer verwundet aus dem 1. Weltkrieg heim.

Rittmeister Carl-Friedrich Freiherr von Langen lag mehrere Stunden bewußtlos unter seinem durch eine MG-Garbe erschossenen Pferd. Völlig unterkühlt wurde er gefunden. Einige Jahre war er fast vollkommen gelähmt. Auch eine Operation in Göttingen änderte noch nicht viel.

Erst nach Jahren eiserner Selbstdisziplin konnte er wieder vorsichtig in den Sattel steigen. Seine Meinung „Vor dem Willen eines ganzen Mannes ist nichts unmöglich." Mit seinem nun genesenden Wallach „Hanko" konnte er bedeutende Siege in schweren Jagdspringen und Dressurprüfungen erringen. Ende der zwanziger Jahre verhalf er Deutschland gegen die Reiterelite der ganzen Welt wieder zu hohem Ansehen. (Viele von uns haben den Film „Reitet für Deutschland" gesehen.)

Von Langen siegt, wo und was er auch reitet. Z. B. gewinnt er dreimal das Springderby in Hamburg. Ein Rekord, der sehr lange Bestand hat. Zieht man bei internationalen Turnieren zunächst nur widerwillig die deutsche Flagge am Siegesmast hoch, so gratulieren ihm doch bald neidlos die bis dahin sieggewohnten französischen und italienischen Reiterkollegen. Dieser faire, begnadete Sportsmann bedankt sich: „Hanko ist französisches Beutepferd und kann seine gründliche dressurmäßige Ausbildung nur auf eurer Reitschule Saumur bekommen haben." Sein Olympiasieg in der Dressur auf „Draufgänger" 1928 in Amsterdam kam dann schon nicht mehr überraschend. Und von Langen steigt tags darauf in den Springsattel und beendete auf einem anderen Pferd ohne Zeitfehler mit nur 8 Fehlerpunkten den schwierigen Olympiaparcours. Das hatte noch kein Reiter geschafft.

Gefragt nach seinem Erfolgsrezept antwortete er nur: „Ganz einfach, ich liebe meine Pferde und zeige es ihnen, und sie lieben mich und zeigen es mir."

1934 vollendete sich sein Reiterschicksal. In der Vorprüfung zur olympischen Military versah sich die Holsteiner Stute „Irene" am vorletzten Sprung. Der rechte Vorderfuß blieb am Koppelrick hängen. Reiter und Pferd überschlugen sich. Der Reiter blieb mit zermahlter Hüfte liegen.

Nur noch wenige Tage wehrte sich dieses tapfere Kämpferherz.

An seinem Grabe senkte sich sein treuer „Hanko" in die Hinterhand und erhob sich zur Levade.

Gibt es einen schöneren Beweis für das Verstehen und gegenseitige Vertrauen zwischen Reiter und Pferd?

Inhaltsangabe

Weitere Bücher aus dem Detlef-Verlag

Der Verlag dankt allen Autoren und Rechtsinhabern für die freundliche Erlaubnis zum Abdruck der Beiträge. In den Fällen, wo die Inhaber der Rechte trotz aller Bemühungen nicht festzustellen waren, verpflichtet sich der Verlag, rechtmäßige Ansprüche im üblichen Rahmen abzugelten.